Viktor Reimann

FÜNF UNGEWÖHNLICHE GESPRÄCHE

Ueberreuter

CIP-Titelaufnahme der Deutschen Bibliothek

Fünf ungewöhnliche Gespräche: Jörg Haider – Emil Jannings –
Bruno Kreisky – Karl Roman Scholz – Heinrich von Srbik /
Viktor Reimann. – Wien: Ueberreuter, 1991
ISBN 3-8000-3380-1
NE: Reimann, Viktor [Hrsg.] – Haider, Jörg

Dieses Buch ist meinem
Freund Dr. Friedrich Dragon
gewidmet

AU 186/1
Alle Rechte vorbehalten
Umschlag von Herbert Sokol unter Verwendung von Fotos
(Kreisky: AP-Foto, Haider: Baldinger, Jannings: Telebunk,
Scholz: Dokumentationsarchiv des österr. Widerstandes,
Srbik: Internat. Pressebild-Agentur Votava)
Copyright © 1991 by Verlag Carl Ueberreuter, Wien
Druck + Bindung: Carl Ueberreuter Druckerei Ges. m. b. H.,
Korneuburg
Printed in Austria

des Ostblocks eingenommen hatte. In einem mehr und mehr zusammenwachsenden Europa ist Österreich heute ein Staat unter vielen. Aus dem Grenzland wurde wieder ein Land der Mitte. Wenn es seine Kirchturmperspektive und sein Krähwinkeldenken ablegt, kann ihm im künftigen Europa eine bedeutende Aufgabe zukommen.

Die erste Bewährungsprobe hat Österreich bereits bestanden: Auch die überschäumendste Wiedervereinigungs-Euphorie beim großen Nachbarn hat bei uns nicht den geringsten Anschlußgedanken wachwerden lassen. Der »Anschluß« ist in Österreich kein Thema mehr. An die neunzig Prozent der Bevölkerung kamen laut Meinungsumfragen gar nicht auf den Gedanken, daß die »Wiedervereinigung« ihre Heimat in irgendeiner Weise unmittelbar berühre. Die Unabhängigkeit des österreichischen Staates ist seinen Bürgern zur Selbstverständlichkeit geworden.

Mit der Wiedervereinigung und der Zurückgewinnung der Souveränität Deutschlands sind der Zweite Weltkrieg und die Nachkriegszeit überwunden. Es gibt keine Sieger und Besiegte mehr und damit auch nicht mehr die Geschichtsschreibung, -deutung und -umdeutung im Sinne der Sieger. Angesichts seiner neuen realen Machtposition wird Deutschland kaum länger gewillt sein, den Sündenbock für die Ereignisse des zu Ende gehenden Jahrhunderts abzugeben. Es steht zu erwarten, daß gesamteuropäische ebenso wie spezifisch deutsche geistige Strömungen, die in den letzten Jahrzehnten in die Zwangsjacke einer möglichen Beziehung zum und eventuellen Einflußnahme auf den Nationalsozialismus gezwungen wurden, nunmehr wieder ihrem tatsächlichen Gehalt entsprechend gewürdigt werden.

Die Euphorie, die anfangs in Europa aufgrund der Umwälzungen herrschte, fand nur allzu bald ihr Ende, und zwar aus folgenden Gründen:

Erstens, die wirtschaftlichen Schwierigkeiten als Folge

einer mehr als vierzigjährigen kommunistischen Herrschaft in den Ostblockländern;

zweitens, der Golfkrieg, der mit schmerzlicher Deutlichkeit aufzeigte, wie weit Europa noch davon entfernt ist, als Gemeinschaft mit einer Stimme zu reden. Das aber besagt nichts anderes als daß die Vereinigten Staaten mehr denn je als Weltgendarm auftreten und nicht bloß die erste Geige im Orchester spielen, sondern den Solopart, der vom Orchester nur begleitet wird;

drittens, die Entwicklung in der Sowjetunion, die einen Rückfall in vergangene Zeiten befürchten läßt. Gorbatschow, im Westen ein Dynamiker, ist im eigenen Land ein Zauderer.

Er hat Angst um den Bestand des sowjetischen Großreiches, dessen Erhalt er als »heilige Aufgabe« bezeichnet. Dazu, so glaubt er offensichtlich, braucht er das Heer und zum Teil auch die Partei, deren Chef er noch immer ist. Der Einsatz der beiden könnte aber gefährliche Auswirkungen haben und in eine Diktatur münden, wenn einerseits mit Waffengewalt die Einheit der Sowjetunion erzwungen werden und die schwer angeschlagene Partei gemeinsam mit dem KGB das Heft wenigstens zum Teil in die Hand nehmen sollten. Zunächst weiß niemand, wie verläßlich das Heer noch ist.

Sicherlich, Gorbatschow hat sich eine Fülle von Vollmachten vom Obersten Sowjet übertragen lassen, so daß er auf dem Papier mächtiger ist als Stalin. Mit diesen Vollmachten ausgestattet, hofft er, alles überblicken, lenken und meistern zu können. Aber beim Ausbruch eines Bürgerkrieges könnten ihm die Zügel aus den Händen gleiten. Dabei weiß man gar nicht, wieweit er sie überhaupt noch in der Hand hat. Offensichtlich will er den Winter überstehen und hofft, daß dann die Reformen zu greifen beginnen. Dabei rechnet er mit Hilfe aus dem Westen, und die muß ihm trotz schwerer Bedenken gewährt werden, sonst besteht keine Möglichkeit, das derzeit bestehende wirt-

I.
Zehn Gespräche mit dem »Alten«

Im Krankenstuhl, mit dem Krückstock zu seiner Rechten, erwartet Dr. Bruno Kreisky, langjähriger österreichischer Bundeskanzler und politischer Medienstar, seinen Besucher. Das Gesicht umrahmt ein weißgrauer Bart, der Blick hat etwas Abwesendes, was daran liegt, daß das rechte Auge blind, das linke halb blind ist. Dennoch wird das Gefühl, daß hier ein alter und kranker Mann vor mir sitzt, einfach verdrängt durch die Würde, die von ihm ausgeht. Wenn er zu sprechen beginnt, noch etwas langsamer und nachdenklicher, als man es von früher gewohnt ist, dann gewinnt man die Überzeugung, daß der Mann, den Krankheit, Leid und Enttäuschung physisch gezeichnet haben, geistig nichts an Aussagekraft, Farbe und Fähigkeit zur Analyse eingebüßt hat. Das Sprechen strengt ihn an, weshalb er längere Pausen benötigt. Dann ist er still, und es scheint, als ob er mit seinen Gedanken weit weg wäre, bei altvertrauten Menschen und vergangenen Zeiten.
Es gibt keinen österreichischen Politiker, über den so viel geschrieben wurde wie über Kreisky. Und in allen acht bisher veröffentlichten Büchern über ihn findet man Neues und Interessantes. Kreisky ist der bekannteste und bedeutendste Politiker Österreichs seit dem Ende des Zweiten Weltkrieges. Er beging viele Fehler wie jeder Politiker, doch seine positiven Taten überragen bei weitem seine negativen. Wenn die weltweite Kampagne gegen Österreichs Bundespräsidenten Waldheim und die politischen Skandale der letzten Jahre unserem Lande geschadet haben und die Politiker, was ihr Ansehen betrifft, in

den Keller gerutscht sind, dann bleibt das Ansehen Kreiskys in der Welt davon unberührt. Im Inland hingegen kratzen viele an seinem Image, alte Gegner und neue, die nach seinem Abgang hinzukamen und sich vom Druck einer starken Persönlichkeit befreit wähnen. Le Roi est mort, vive le Roi. Kreiskys Größe hat dies jedoch keinen Abbruch getan.

Was ist das Besondere an diesem Mann? Er besitzt, was bei Politikern schon immer selten war und nun noch seltener geworden ist: Charisma. Dieses hat verschiedene Quellen. Bei Kreisky ist es seine Menschlichkeit, seine Toleranz, seine Ausstrahlung, seine Souveränität und seine Zuneigung zu den vom Schicksal gezeichneten Menschen und Völkern. »Man muß die Leute liebhaben«, dieser Satz von Victor Adler, dem Gründer der Sozialdemokratischen Partei in Österreich, der damit in erster Linie die armen Leute meinte, könnte auch von Kreisky stammen. Bei keiner seiner Maßnahmen vergaß er die menschliche Seite. Sein Privattelefon stand allen Leuten zur Verfügung. Sie konnten ohne Hemmung anrufen und taten es am frühen Morgen, aber auch in den späten Abendstunden. Kreisky hörte sich die Klagen und Bitten an und versuchte zu helfen, wenn es in seiner Macht stand. Kein Regierungschef vor ihm hat das je getan. Ihm waren die Sorgen des kleinen Mannes genauso wichtig wie die der Mächtigen. Er wirkte oft ungeduldig gegenüber höheren Parteifunktionären, nie aber gegenüber einem Arbeiter oder Pensionisten.

Diese Offenheit war der Grund, daß er keiner Diskussion aus dem Weg ging, ob mit der Jugend, mit den Arbeitern, mit den Künstlern und Intellektuellen. Ich begleitete ihn einmal, als er in das Krisengebiet von Aichfeld-Murboden fuhr, um sich dort den Arbeitern zu stellen. Zuerst traten kommunistische Betriebsräte auf und schilderten die Lage in den schwärzesten Farben. Ihre sozialistischen Arbeitskollegen hielten sich zwar etwas zurück, um den Parteivorsitzenden und Bundeskanzler nicht zu brüskieren, aber

lich zu verwirklichen, nicht zuletzt auch, um Deutschland fest einzubinden. Doch der Ansturm von den neuen befreiten Staaten und von den EFTA-Ländern werden eine Isolierung der EG nicht zulassen. Wir sollten deshalb keine übereilten Schritte machen, aber überaus rasch reflektieren, wenn die Konturen der Entwicklung sichtbar werden.

Reimann: Sie erhielten im Jahre 1989 in New York den »Martin-Luther-King-Friedenspreis«, und zwar, wie es in der Begründung heißt, wegen der *Eröffnung des Dialogs Israelis–Palästinenser*, wegen der tragenden Rolle bei der Annäherung zwischen Ost- und Westeuropa und drittens, weil Sie zum Symbol der weltweiten sozialdemokratischen Bewegung geworden sind. Was nun den ersten Grund der Verleihung betrifft, haben Sie der PLO den Weg zur UNO geebnet und sie damit verhandlungsfähig gemacht. Dafür hat die Führung der PLO auf die Politik des Terrors verzichtet. Was war der Grund, weshalb Sie sich so für die Palästinenser eingesetzt haben?

Kreisky: Es war die Behandlung, die Israel den Palästinensern zumutete. Nicht die Palästinenser haben die Juden, sondern die Juden haben die Palästinenser vertrieben; gegenüber den im Lande verbliebenen benehmen sich die Israelis wie ein Herrenvolk. Aber ein Volk wie die Juden, denen man soviel Leid und Unrecht angetan hat, sollte daraus gelernt haben, nicht mit Unschuldigen ähnlich zu verfahren wie die Nationalsozialisten mit den Juden.

Reimann: Ihr Verhältnis zu Israel ist auf jeden Fall ambivalent. Ich glaube, daß die Existenz des Staates Israel nach den grausamen Erlebnissen der Juden im nationalsozialistischen Deutschland für jeden human denkenden Menschen eine Selbstverständlichkeit ist. Die Juden, auch diejenigen, die kein Interesse haben, sich in Israel niederzulassen, wollen eine Zufluchtsstätte, falls ein neuer Antisemitismus in der Welt irgendwo ausbrechen sollte. Für Sie, der sich echte Sorgen um Israel macht, bleibt der Staat

Israel dennoch problematisch. Sie zweifeln, ob die Juden überhaupt im landläufigen Sinn ein Volk sind, und wenn, so äußerten Sie sich einmal, »dann ist es ein mieses«. Dieser Satz und Ihr Engagement für die Palästinenser haben bei vielen Ihrer Gegner den Gedanken aufkommen lassen, daß Sie zu jenen Juden gehören, die zum Selbsthaß neigen, der in Otto Weiningers Buch »Geschlecht und Charakter« einen Höhepunkt erreichte. Wie ist nun Ihre Stellungnahme?

Kreisky: Der Staat Israel ist eine artifizielle Lösung. Israel ist deshalb kein jüdischer Staat, weil er nur einen geringen Prozentsatz von Juden in seinen Grenzen beherbergt. Er ist ein gemischt nationaler Staat, weil über ein Drittel Nichtjuden in ihm wohnen, denen man allerdings die bürgerlichen Rechte vorenthält. Dazu kommt, daß die Palästinenser wesentlich geburtenfreudiger sind als die Israelis. Mit der Einwanderung von ein bis zwei Millionen Juden aus der Sowjetunion hofft die israelische Regierung, dieses Manko auszugleichen, was jedoch die kämpferische Stimmung noch mehr anheizt. Die Amerikaner müssen schon deshalb mit ihrer Nahostpolitik scheitern, weil sich fortschrittlich gesinnte Menschen mit der derzeitigen Unterdrückungspolitik gegen die Palästinenser nicht zufriedengeben werden. Die Ansicht der israelischen Regierung, daß sie das gesamte Judentum vertritt und die Angelegenheiten Israels Sache aller Juden sind, ist einfach falsch. Die israelischen Interessen stimmen oft mit denen der Juden in den verschiedenen Staaten nicht überein. Auch zeichnet sich das Judentum durch die Offenheit gegenüber den geistigen Strömungen in der Welt aus, ebenso durch Toleranz, weil es selbst auf Toleranz angewiesen ist. Israel hingegen ist seinen palästinensischen Mitbürgern gegenüber weder offen noch tolerant.

Reimann: Ihre *Nahostpolitik* hat einiges entscheidend verändert. Es ist zu einem Wandel in der arabischen Politik gekommen, woran von dieser Seite der später ermordete

einzige demokratische Staat im Nahen Osten zu sein, vergißt dabei, daß diese Demokratie nur für Israelis gilt, während die Palästinenser das Leben einer unterdrückten Minderheit fristen. Ringsherum aber leben über 100 Millionen ihrer Glaubensbrüder, zwar gespalten und zerstritten, aber eine beständige Bedrohung. Man braucht kein Prophet zu sein, um bei der gegenwärtigen Lage von Sorge für die Zukunft erfüllt zu sein.

Reimann: Wenn ich das Ergebnis unseres Gespräches über dieses Problem zusammenfasse, dann kann ich sagen, daß Ihr Eintreten für die Palästinenser einem Impuls entspringt, wie er so oft Ihre Politik bestimmt hat. Nicht irrationale Gefühle, wie Ihnen von Ihren Gegnern vorgeworfen wird, veranlassen Sie zur Kritik an Israel, sondern die *tiefe Sorge,* daß die Politik der derzeitigen israelischen Machthaber eine Lage schafft, die zu einem *Krieg* führen könnte. Und schon hört man wieder kriegerische Töne aus dem arabischen Lager, das auch an dem Ernst der amerikanischen Friedenspolitik immer mehr zu zweifeln beginnt. Persönlich aber hoffe ich, daß Ihre Politik in der Nahostfrage nicht nur von den Arabern geschätzt wird, die Sie den »weisen Mann Europas« nennen, sondern in nicht allzu ferner Zeit auch von den Israelis. Ich sehe die Freundschaft zwischen dem Palästinenser Sartawi und dem Juden Avnery, die Sie zusammengeführt haben, als Symbol der Überwindung von Chauvinismus und Glaubensfanatismus. Dann könnten auch Israelis und Palästinenser im anbrechenden zweiten Jahrtausend neben- und miteinander in Frieden leben.

Zu den Vorwürfen, die Ihnen von jüdischer Seite gemacht wurden, gehört auch Ihre Auseinandersetzung mit Simon Wiesenthal. Der Leiter des Jüdischen Dokumentationszentrums warf Ihnen vor, Ihre Partei »zur wichtigsten Fürsprecherin der ehemaligen Nationalsozialisten« gemacht zu haben. Sie revanchierten sich dahingehend, daß Sie Wiesenthal einen jüdischen Faschisten nannten. Diese

Bezeichnung mußten Sie aufgrund eines Gerichtsurteils zurücknehmen. *Was stört Sie an Wiesenthal?*

Kreisky: Er ist intolerant. Es gelang ihm mit Unterstützung österreichischer und internationaler Medien, eine Art Furchtzone um sich zu verbreiten. Bei mir waren ehemalige Nationalsozialisten, die einige dunkle Punkte in Wiesenthals Vergangenheit zu kennen angaben, doch waren sie nicht bereit, sie öffentlich bekannt zu machen, weil sie Angst vor Repressalien hatten.

Reimann: Wenn sie zu ängstlich sind, für ihre Aussagen offen einzutreten, dann haben ihre Verdächtigungen keinen Wert.

Kreisky: Da sind Sie im Recht, doch haben mich die Anschuldigungen dieser Leute skeptisch gemacht. Es ist zweifellos Wiesenthals Privatsache, obwohl er sie mit internationaler Unterstützung betreibt, Jagd auf Personen zu machen, die in der Nazizeit Verbrechen begangen haben. Kein Zweifel auch, daß diese Verbrechen Strafen verdienen, doch setzen das hohe Alter und die lange Zeitspanne, die inzwischen verstrichen ist, der Verfolgung gewisse Grenzen, selbst wenn politische Verbrechen in NS-Verfahren nicht verjähren. Nur sollten Rache- und Vergeltungsgedanken nicht länger eine Rolle spielen. Meine Politik war, daß man versuchen soll, die Menschen, die einen politischen Irrtum begangen haben – nicht ein Verbrechen –, zu integrieren und dadurch bei ihnen einen inneren Wandel zu ermöglichen, statt sie durch dauernde Diskriminierung zu radikalisieren.

Reimann: Diese Haltung entspricht Ihrer grundsätzlich humanen Gesinnung. Auch sagt schon Goethe, daß irren nicht schimpflich ist, wohl aber, im Irrtum zu beharren. Was wissen junge Menschen von heute, in welchen Gewissensnöten sich ihre Väter und Großväter in der nationalsozialistischen Vergangenheit befunden haben. Während sie aber in ihrem Urteil über ihre Väter und Großväter nicht hart genug sein können, obwohl sie von der damaligen Zeit meist keine Ahnung haben, sind dieselben Leute ungemein nachsichtig in ihrem Urteil über kommunistische Funktionäre in den Oststaaten. Dort gibt es nach wie vor kommunistische Parteien und diese unterstützende Massenmedien, obwohl die ungeheuerlichen Verbrechen, die von diesen Regimen begangen wurden, immer mehr ans Tageslicht kommen. Selbst für die RAF-Leute, die politische Morde begangen haben und in der DDR Asyl und neue Namen erhielten und seit der Wiedervereinigung in Haft genommen wurden, setzen sich die Leute ein, obwohl sie dies alles persönlich mitgemacht haben, während sie bei den Nazis selbst nach 45 Jahren noch immer ihre Haßgefühle nicht überwinden können. Ich möchte aber jetzt noch zu einem anderen Vorwurf kommen, der ihnen gemacht wird. Weshalb haben Sie Frau Golda Meir kein Glas Wasser angeboten, wie Sie Ihnen vorwirft?

Kreisky: Frau Meir war eine große Persönlichkeit und Politikerin. Sie kam als Sozialistin zum Treffen der Sozialistischen Internationale nach Wien und wollte bei dieser Gelegenheit mit mir über die Zurücknahme meiner Zusage an die Araber verhandeln, das jüdische Internierungslager in Schönau zu schließen. Ich trug meinem Sekretariat auf, dafür zu sorgen, daß alles vorbereitet werde, um Frau Meir jede gewünschte Erholungspause zu ermöglichen. Sie kennen ja den Raum hinter meinem Arbeitszimmer im Bundeskanzleramt, der mit einem Diwan zum Ausruhen ausgestattet ist. Hier sollte sich Frau Meir erholen und einen Imbiß einnehmen. Sie lehnte jedoch alles ab und wollte nur über die Rücknahme der Schließung des Lagers Schönau verhandeln. Als ich darauf nicht einging, ihr aber ausdrücklich zugestand, daß nach wie vor der Aufnahme jüdischer Flüchtlinge aus der Sowjetunion nichts im Wege stünde und sie hier alle Rechte von Flüchtlingen in Anspruch nehmen können, aber frei in ihrer Entscheidung sind, ob sie nach Israel oder einem anderen Land einreisen wollen, während sie in dem von Israelis bewachten und verwalteten Lager Schönau kaum eine andere Chance gehabt hätten, als nach Israel zu emigrieren, war Frau Meir so böse, daß sie die Welt gegen mich aufzuhetzen versuchte, wobei mein angeblich so ungastliches Benehmen als ein besonders schlechter Charakterzug meines Wesens an den Pranger gestellt werden sollte.

Reimann: Aus dem zweiten Band Ihrer Memoiren geht hervor, daß Sie das Jahr 1934, in dem die österreichische Regierung auf die Sozialdemokraten schießen, viele von ihnen in Lagern und Gefängnissen einsperren und einige Genossen hinrichten ließ sowie die Partei auflöste, als das eigentliche Jahr des Unterganges der Demokratie in Österreich ansehen, gewissermaßen als Öffnung des Tores, durch das die Truppen und Parteibürokraten Hitlers eindringen konnten. Sie selbst als Mitbegründer der Sozialrevolutionäre hielten bei Ihrer Verhandlung im Jahr 1936 eine glänzende Rede, die Sie in der Sozialistischen Internationale bekannt gemacht hat. Im Gefängnis, in das Sie nach Ihrer Verurteilung kamen, gab es Sozialdemokraten, Sozialrevolutionäre, Kommunisten und Nationalsozialisten. Sie alle waren Opfer des Austrofaschismus, und es entwickelte sich zwischen einzelnen, ungeachtet ihrer Parteizugehörigkeit, eine Art Häftlingskameradschaft. Ihre Gegner werfen Ihnen nun vor, daß Sie den Austrofaschismus härter beurteilen als den Nationalsozialismus, weil Ihnen in der Emigration in Schweden der Schrecken des nationalsozialistischen Regimes nicht im vollen Ausmaß bewußt geworden ist. Halten Sie diese Verdächtigung für richtig?

Kreisky: So kann man das nicht sagen. *Es besteht kein Zweifel, daß der Austrofaschismus der Demokratie in Österreich den Todesstoß versetzt hat.* Auch versuchte er, sich mit Hitler zu versöhnen, schloß Abkommen mit dem Dritten Reich und nahm Nationalsozialisten in die Regierung auf. Das ist die eine Seite. Die andere ist, daß mir

die Schrecken des Nationalsozialimus selbstverständlich
bewußt sind. Nur richte ich meinen Blick nach vorwärts
und bleibe nicht ständig an der Vergangenheit hängen.
Wichtig ist, alles zu tun, daß den Lebenden ein ähnliches
Schicksal wie den Opfern des Nationalsozialismus erspart
bleibt.

Reimann: Sie waren bis zum Zeitpunkt, in dem Ihre Partei
in die Opposition gehen mußte, ein Verfechter der großen
Koalition. Nachdem Sie Regierungschef geworden waren,
trat eine Wende in Ihrem politischen Denken ein. Sie ver-
traten nun den Standpunkt, daß nach einer Alleinregierung eine kleine Koalition, wie sie in den meisten westlichen Demokratien besteht, der großen Koalition vorzuziehen sei, weshalb Sie auch versuchten, während Ihrer Alleinregierung die FPÖ am innenpolitischen Geschehen
und an der Postenvergabe teilnehmen zu lassen, aber sie
auch auf liberalen Kurs zu steuern. Dabei wurden Sie von
Friedrich Peter unterstützt, an dem Sie einen loyalen
Mann fanden, der Sie als seinen politischen Lehrmeister
und wie einen wirklichen Vater verehrte. Andererseits
sind auch Sie Peter zur Seite gestanden, politisch und
menschlich, als eine heftige Kampagne von seiten Wiesenthals und der Massenmedien wegen seiner SS-Vergan-
genheit einsetzte. Was war der Grund, daß Sie sich schüt-
zend vor den Partei- und Klubobmann der Freiheitlichen
stellten?

Kreisky: Peter ist ein Mann, der den Irrtum in seiner Jugend erkannt und sich im Laufe der Jahre nicht nur nach
außen, sondern auch innerlich gewandelt hat. Ich habe
ihn wegen seiner Loyalität und seiner politischen Fähigkeiten schätzengelernt und zu ihm gehalten, als man gegen ihn schwere Anschuldigungen erhob, ohne Beweise
vorlegen zu können. Mir war klar, daß man ihn politisch
ruinieren und damit auch mich treffen wollte.

Reimann: Um auf die *kleine Koalition* zurückzukommen,
die Sie 1983 geschaffen hatten. Sind Sie nach deren

Scheitern noch immer der Ansicht, daß die kleine Koalition die bessere Alternative darstellt?

Kreisky: Ja, weil die kleine Koalition der führenden Partei innerhalb der Koalition die Möglichkeit gibt, einen Großteil ihres Programms durchzusetzen, aber auch dem kleinen Partner Lebensraum gewährt, damit er sich entfalten kann. Eine große Koalition hingegen setzt sich selbst zu viele Hürden, die dann nicht übersprungen werden können.

Reimann: Sie schufen 1983, nachdem Sie die absolute Mehrheit verloren hatten und zurückgetreten waren, die kleine Koalition zwischen SPÖ und FPÖ, die, wie sich herausstellte, nur eine Chance gehabt hätte, wenn Sie persönlich an ihrer Spitze gestanden wären. Was ist der Grund ihres damaligen Rücktritts?

Kreisky: Der Grund waren meine *Krankheiten.* Ich mußte mich schon 1979 einer Augenoperation in Boston unterziehen. Zwei Jahre später erkrankte ich an der Niere, was mich dreimal in der Woche zu einer vierstündigen Blutwäsche zwang. Ich wäre deshalb nur ein Bundeskanzler mit halber Kraft gewesen, und da ist es schon besser, gar keiner zu sein. Die Krankheiten waren es auch, daß ich 1986 das Angebot meiner Partei ablehnen mußte, als ihr Kandidat in die Bundespräsidentenwahl zu gehen. Anders verhielt es sich nach dem Tod von Bundespräsident Jonas, als Wiens Bürgermeister Gratz mich in meinem Urlaubsort in Kärnten aufsuchte und mir vorschlug, mich als sozialistischer Präsidentschaftskandidat zur Verfügung zu stellen. Damals wollte man mich in ein politisches Ausgedinge schieben, wozu ich nicht bereit war. Bei der Nationalratswahl 1975 erhielt die SPÖ mit mir als Spitzenkandidaten das zweitemal die absolute Mehrheit.

Um auf Ihre Frage zurückzukommen. Wäre ich 1983 gesund gewesen, dann hätte ich die kleine Koalition eine Legislaturperiode lang angeführt, und ich bin sicher, daß beide Parteien wesentlich besser abgeschnitten hätten. So aber bekamen beide Parteien Führungsprobleme, weil die Basis mit den Ergebnissen der Regierungskoalition unzufrieden war.

Grundsätzlich ziehe ich die kleine Koalition vor, wobei die politische Lage und die Personen, die sie bilden sollen, zu berücksichtigen sind. Für falsch jedoch halte ich es, eine Koalition wegen bestimmter Personen von vornherein auszuschließen. Keine Partei läßt sich vorschreiben, wen sie in die Regierung schickt. Ablehnen kann man nur eine Person, gegen die schwere politische Bedenken oder kriminelle Verfehlungen vorliegen.

Reimann: Da gibt es aber einen zweifachen Einwand: Erstens haben Sie selbst vor den Nationalratswahlen 1979 erklärt, mit dem FPÖ-Obmann Alexander Götz, dem Nachfolger Peters, keine Koalition einzugehen, und zweitens hat Vranitzky eigentlich nur das gleiche getan, als er durch seine Erklärung Haider die Tür zur Koalition zuschlug.

Kreisky: Da gibt es allerdings Unterschiede: Ich führte damals eine Alleinregierung. Götz war eindeutig ein stark nach rechts gerückter konservativer Politiker, der in mein politisches Konzept nicht hineinpaßte. Allein die Möglichkeit einer Koalition mit ihm hätte mich Stimmen auf katholischer und linker Seite gekostet, die ich notwendig zur absoluten Mehrheit benötigte. *Vranitzky wollte unter allen Umständen die große Koalition* und benützte die unerfreulichen Umstände, unter denen Haider Bundesobmann der FPÖ auf deren Parteitag in Innsbruck geworden war, um sich von der FPÖ zu trennen.

Reimann: Was halten Sie überhaupt von Haider?

Kreisky: Er ist sicher ein *begabter Politiker,* doch habe ich aufgrund seiner Aussprüche politische und menschliche Bedenken. Aber jeder Mensch macht Entwicklungen durch, und auch Haider ist nicht am Ende seiner Entwicklung.

Reimann: Sie waren während Ihrer Regierungszeit nicht

nur im Inland der angesehenste Politiker, sondern genossen auch internationales Ansehen, wie kein österreichischer Politiker in der Zweiten Republik vor Ihnen. Nach Ihrem Abgang und den Schwierigkeiten, denen Ihr Nachfolger Sinowatz und die kleine Koalitionsregierung ausgesetzt waren, begann Ihr Ruhm im Inland zu verblassen, während er im Ausland ungeschmälert blieb. Im Inland haben sich Ihre Gegner nicht gescheut, Sie für die Versäumnisse in der Verstaatlichten Industrie, für die Schuldenpolitik und für den moralischen Niedergang Ihrer Partei verantwortlich zu machen. Vranitzkys Angriff gegen Ihren letzten Finanzminister Dr. Salcher, dem er eine »Palawatsch«-Politik vorwarf (»profil« Nr. 20, 18. Mai 1987), betrachteten viele Ihrer Genossen auf Sie gemünzt. Offensichtlich wurden mit Ihrem Rücktritt Schleusen geöffnet, die vieles an die Oberfläche brachten, das bis dahin verborgen geblieben war. Der moralische Niedergang Ihrer Partei mit den Höhepunkten Lucona- und Norikum-Skandal, die vielen Korruptionsfälle, die sich fast täglich ereignen, der Mangel an politischen Persönlichkeiten, besonders auffallend, wenn man die Namen Ihres Regierungsteams mit denen der derzeitigen sozialistischen Regierungsmitglieder vergleicht, deren bester Mann, Finanzminister Ferdinand Lacina, noch aus Ihrem Stall stammt. Und Bundeskanzler Vranitzky? Sie erklärten, daß er uns zum Greißlerstaat macht und in seinen Erklärungen noch nichts politisch Substantielles gesagt habe. Sie nannten seine Pensionsregelung mit der Länderbank von 200 000 Schilling monatlich nach dreijähriger Dienstzeit mit hoher Abfertigung eine bedenkliche Angelegenheit, die »wider die guten Sitten« gerichtet ist. Auch Vranitzkys Ausspruch: »Wer Visionen hat, braucht einen Arzt«, muß Sie getroffen haben, weil Sie die Meinung vertreten, daß Visionen für die Politik notwendig sind. Nach einer Aussprache mit Vranitzky haben Sie nun mit ihm Frieden geschlossen und haben nichts dagegen, wenn man auf Ihre

Person im kommenden Wahlkampf Bezug nimmt. Weshalb tun Sie das?

Kreisky: Ich bin über sechzig Jahre in der Partei tätig gewesen. In dieser Zeit gab es viele Auseinandersetzungen, doch niemals hat eine Auseinandersetzung an meiner Verbundenheit mit der sozialdemokratischen Bewegung etwas geändert. Wenn deshalb die Partei und ihr Vorsitzender an mich herantreten, wie sie es getan haben, um Differenzen, die seit meinem Ausscheiden aus der Politik aufgetreten sind, zu bereinigen, dann bin ich selbstverständlich bereit dazu.

Reimann: Wie sehen Sie heute die Personen, die einmal eng mit Ihnen zusammengearbeitet haben und nun entweder gescheitert, in Verfahren verwickelt oder verurteilt sind. Ihre wichtigsten Namen: Androsch, Gratz, Sinowatz und Blecha. Diese vier waren einmal Zugpferde und Hoffnungsträger der Partei. Wie konnte es zu einem derartigen Niedergang kommen?

Kreisky: Mit Androsch habe ich mehrere Jahre sehr gut zusammengearbeitet und bin sehr glücklich mit ihm gewesen. Die erste Auseinandersetzung war eine rein sachliche. Ich wollte gegenüber der DM eine leichte Abwertung, um unserer Industrie bessere Exportchancen zu ermöglichen. Androsch aber hielt an der strengen Bindung an die DM fest und wurde darin vom Nationalbank- und vom Gewerkschaftspräsidenten unterstützt, weshalb ich meinen Vorschlag fallenließ. Da ich den Wunsch der »jungen Löwen« nicht erfüllte, nach dem Tod von Jonas in die Kandidatur zum Bundespräsidenten einzuwilligen, machte ich Androsch 1976 zum Vizekanzler, um seinem Ehrgeiz entgegenzukommen, aber auch als eine starke Geste der Freundschaft und einer Anerkennung seiner Leistung als Finanzminister. Völlig überraschend für mich kam dann sein Wunsch, die Nachfolge von Nationalbankpräsident Hans Kloss anzustreben. Ich fand ihn dafür zu jung. Auch hatten damals schon die Angriffe gegen ihn wegen seiner

Steuerkanzlei Consultatio begonnen. Innerhalb weniger Jahre war der Jahresumsatz dieser Kanzlei von zwei Millionen auf zehn Millionen gestiegen, davon kamen allein aus dem Steuertopf der Stadt Wien sechs Millionen. Aus dem »Floridsdorfer Buam«, wie ihn Gewerkschaftspräsident Benya nannte, war ein tüchtiger Geschäftsmann geworden, wogegen nichts einzuwenden gewesen wäre, wenn diese Geschäfte nicht im Zusammenhang mit seiner politischen Stellung gestanden hätten. Geschickte Firmenverschachtelungen, der AKH-Skandal, die undurchsichtige Verbindung von Consultatio und Ökodata und der Erwerb seiner Villa in Neustift haben bewirkt, daß Androsch für mich untragbar wurde, weil er das Unvereinbarkeitsgesetz schwerstens verletzte.

Reimann: Es hat aber der Parlamentsausschuß, der darüber entscheidet, ob ein Abgeordneter oder Regierungsmitglied gegen das Unvereinbarkeitsgesetz verstößt, keine Einwände gegen Androschs Consultatio erhoben. Sie selbst hatten anfangs auch keine Bedenken, besuchten einmal die Consultatio und ließen sich herumführen.

Kreisky: Das war noch zu einer Zeit, als die Firma gut bürgerlich geführt wurde und noch niemand den gigantischen Aufstieg ahnte.

Reimann: Trotzdem glaube ich, daß eine gewisse Nachlässigkeit dem Parlamentsausschuß vorgeworfen werden muß, weil eine Steuerkanzlei, hinter der ein Finanzminister als Mitinhaber steht, zum Aufstieg geradezu verdammt ist. Wäre es nicht möglich gewesen, Androsch ins Gewissen zu reden und auf seine zwiespältige Lage hinzuweisen. Denn daran ist nicht zu zweifeln, daß er eine der ganz großen Begabungen in Österreich ist.

Kreisky: Leider war es nicht mehr möglich, Androsch davon zu überzeugen, daß er zwischen Politik und Geschäft zu wählen habe. Die Macht und ebenso sein Umgang mit Neureichen haben ihn auf die falsche Bahn geführt.

Reimann: Die von Ihrem Freund Karl Kahane ins Leben

gerufene Kreisky-Stiftung bewahrt einen Faszikel »Androsch« auf. Was soll mit diesem Geschehen?

Kreisky: Er bleibt bis zu meinem Tod ungeöffnet und geht nach meinem Tod ins Eigentum der Partei über, die dann entscheiden kann, was mit ihm geschehen soll.

Reimann: Nun zu den anderen dreien. Leopold Gratz war lange Zeit der zweite Kronprinz auf ihrer Nachfolgeliste und gehörte dank seiner menschlichen Wärme und Ausstrahlung zu den beliebtesten Politikern des Landes.

Sinowatz konnte sich lange Zeit großer Popularität erfreuen. Zu seiner Rechtfertigung muß gesagt werden, daß er nur zögernd Ihre Nachfolge antrat, weil er klug genug war, sich nicht mit Ihnen vergleichen zu wollen. Auch die ihm aufgebürdete Koalition mit den Freiheitlichen vermehrte seine Schwierigkeiten. Zwar verstand er sich mit dem Obmann der Freiheitlichen, Norbert Steger, ausgezeichnet, doch benahm er sich etwas hilflos gegenüber den verschiedenen Strömungen innerhalb der Partei, die Sie noch im Zaum halten konnten, die sich aber unter Sinowatz selbständig machten.

Blecha ist ein Kapitel für sich. Er war lange Zeit Ihre rechte Hand, ist überaus begabt und dank seiner Beziehung zum Meinungsforschungsinstitut IFES über die Stimmung in der Bevölkerung bestens informiert. Als Katholik war er mit Vertretern der Kirche ständig im Gespräch. Als Innenminister machte er Fehler, die man einfach nicht verstehen kann. Wie bewerten Sie nun den Niedergang dieser Ihrer besten Leute?

Kreisky: Ich glaube, man muß den Lucona- und den Noricum-Skandal auseinanderhalten. Die Verwicklungen von Gratz und Blecha in die Lucona-Affäre ist ein typischer Fall falsch verstandener Freundschaft. Proksch, ein Typ, den man in Wien einen »Gschaftlhuber« nennt, wollte auch in der Politik eine Rolle spielen. Gratz, der außerordentlich ansprechbar auf Menschen ist, fiel Proksch einfach hinein und glaubte ihm alles. Seine Freundschaft wurde richtiggehend mißbraucht. Die Verwicklung Blechas in dieser Sache bleibt für mich ein Rätsel. Vielleicht hatte der von Proksch initiierte Club 45 etwas Geheimnisvolles nach außen, wozu nicht jeder Zutritt hatte. Es ist ja bezeichnend, daß fast alle von Ihnen genannten Personen und noch viele andere wichtige Funktionäre der SPÖ bei den Freimaurern sind.

Reimann: Halten Sie nichts von den Freimaurern?

Kreisky: Ich kenne sie zu wenig, um mir ein Urteil zu erlauben. Ich glaube nur, daß in einer Demokratie eine Geheimorganisation nicht notwendig ist, selbst wenn sie sogenannte ideelle Werte vertritt. Dazu braucht es keine geheime Organisation. Letztlich handelt es sich doch mehr oder weniger um einen Freundschaftsbund, in dem einer dem anderen hilft, zu einem schönen Posten zu kommen. Das machen übrigens auch andere, nicht geheime Organisationen. Dies hängt wiederum mit der mangelnden Transparenz und Kontrolle der Postenvergaben zusammen.

Reimann: Was haben Sie nun zur Verwicklung in den Noricum-Skandal zu sagen?

Kreisky: Ohne sie verteidigen zu wollen, das steht mir nicht zu, glaube ich, daß sich die Betroffenen der Kriminalität ihrer Handlungsweise nicht voll bewußt waren und in die Affäre hineingeschlittert sind. Sie verloren den Überblick und die Kontrolle darüber. Man muß sich in ihre Lage versetzen. Der Obmann der Transportgewerkschaft forderte seinerzeit den Stopp der Lieferungen von Schützenpanzern nach Chile, ein Geschäft, daß den Steyr-Werken zwei Milliarden Schilling gebracht hätte. Seit damals rutschen die Steyr-Werke in die roten Zahlen. Die Folge dieses Stopps war eine rigorosere Fassung des Waffenexportgesetzes. Gleichzeitig gingen viele Arbeitsplätze in den VOEST-Alpine-Werken wegen der weltweiten Stahlkrise verloren. Nun glaubten die Manager, in die Rüstungsindustrie einsteigen zu müssen, weil sie sich davon große Geschäfte erhofften. Auch die Gewerkschaft ver-

Carl Friedrich von Weizsäcker, dem Naturwissenschaftler und Bruder des derzeitigen deutschen Bundespräsidenten. Ihre Berater wiesen zwar auf die Gefahren hin, meinten aber, daß trotz aller Bedenken die Atomenergie eine Notwendigkeit sei und ihre Gefahr nicht an die von Atomraketen und Atombomben herankommt, die in der Welt gelagert sind und weiterhin erzeugt werden. Sie glaubten damals, nicht zu Unrecht, daß die Mehrzahl der Österreicher für die Inbetriebnahme des Atomkraftwerkes in Zwentendorf stimmen werde, vergraulten jedoch viele ÖVP-Anhänger, die Pro-Zwentendorf eingestellt waren, als Sie den Vorschlag des damaligen ÖVP-Obmannes Taus zurückwiesen, eine gemeinsame Erklärung für die Inbetriebnahme des Atomkraftwerkes abzugeben. Sie lehnten damals ab, weil Sie die Verantwortung allein tragen, aber auch den Erfolg allein einheimsen wollten. Mir war Ihre damalige Entscheidung unverständlich, weil es nahelag, daß ohne Unterstützung der ÖVP-Anhänger die Abstimmung verlorengehen mußte, da Ihre Parteijugend, die gesamte Linke und die FPÖ dagegen waren. Sie haben damals vor der Abstimmung bei einem negativem Ausgang Ihren Rücktritt angeboten, davon jedoch nach der Niederlage keinen Gebrauch gemacht. Sie zogen aber daraus eine Lehre. Welche?

Kreisky: Ich bin deshalb nicht zurückgetreten, weil ich zwar wußte, daß das Abstimmungsergebnis nicht ganz die damalige Haltung der Österreicher wiedergab (ein großer Teil der Wähler blieb der Abstimmung fern), doch ist es für mich eine Art Erleuchtung gewesen, daß die Angst vor der Atomkraft die Menschen tiefer bewegte, als es sonst technische Neuerungen tun. Ich setzte damals durch, daß wir Abschied von der Atomkraft nahmen, und zog lieber die heftige Kritik auf mich, daß zehn Milliarden verbaut, das heißt vergeudet wurden. Das war sicherlich eine teure Erkenntnis, doch nach allem, was inzwischen geschehen ist, war sie richtig. Niemand hatte mich gezwungen, eine

Volksabstimmung in die Wege zu leiten. Kluge Leuten rieten mir sogar davon ab. Ich wollte trotzdem die Meinung des Volkes wissen und habe mir diese Meinung zur Richtschnur gemacht. Wir haben schon unter meiner Regierung viel auf dem Gebiet des Umweltschutzes unternommen, ich erinnere nur an die Reinhaltung der Seen, wo wir zweifellos Vorbild für andere Länder sind. Mein Gesundheitsminister Salcher sprach schon in einer Zeit vom Ozonloch, als die meisten Politiker in unserem Lande noch nicht wußten, was das ist. Daß wir heute zu den führenden Ländern auf dem Gebiet des Umweltschutzes gehören, geht auf den Schock zurück, den das Ergebnis der Volksabstimmung bei uns erzeugt hat. Seit damals denken viele Menschen umweltbewußter. Es geschieht allerdings noch immer viel zu wenig, bei uns und anderswo. Die Menschen wollen die Gefahren einfach nicht zur Kenntnis nehmen, vor allem, wenn es sie Opfer kostet. Dabei ist es zur Umkehr schon sehr spät. Allerdings sagt mir mein Optimismus, daß es nicht die Bestimmung des Menschen sein kann, die Erde zu zerstören.

Reimann: Mit Wehmut denke ich an das Jahr 1970 zurück. Was war das damals für eine Aufbruchsstimmung. Nun fühlen wir uns nur mehr verwaltet, hintergangen und übervorteilt. Deswegen ist die politische Stimmung im Volk so mies, obwohl wir einen wirtschaftlichen Aufschwung haben wie selten zuvor. Den Bürger ärgert, daß sich die Politiker die Dinge richten, wie es ihnen paßt. Es ist das Glück der SPÖ, daß auch die andere Großpartei in einer ideellen Krise steckt. Die Sozialisten haben wenigstens in Vranitzky einen Mann, dem man Sachverstand zugesteht. Was den Leuten immer mehr bewußt wird, ist die Übermacht der Bürokratie, nicht nur die des Staates, sondern sie spüren sie in fast allen Bereichen des Lebens. Von einer Durchflutung, einer Transparenz, wie Sie einst verkündet hatten, kann nicht die Rede sein. Wir kehren vielmehr zurück in die Zeiten des Feudalismus, nur sind statt den Adeligen Politiker, Funktionäre von Kammern, Gewerkschaften, Genossenschaften, Pensionsanstalten und Krankenversicherungen die heutigen Feudalherren. Aufgrund dieser allgemeinen Mißstimmung ist es zu verstehen, daß Vranitzky die besten Publikumswerte besitzt, die man sich für eine eher etwas blasse Persönlichkeit denken kann. Er gilt als seriös und hat den Vorteil, daß man ihn als Banker für einen guten Wirtschaftsmann hält. Die Wirtschaft aber reiht heute weit vor der Politik, deren Vertreter in Österreich aufgrund der vielen Skandale in der Wertung hinter den Journalisten liegen. Ich glaube sogar, daß Vranitzkys Pensionsvertrag vielen Leuten imponiert, ja als geschickter Schachzug bewertet wird, wobei man vergißt, daß es sich bei der Länderbank um einen maroden Betrieb handelte, der mit Steuergeldern in Milliardenhöhe vor einer Pleite gerettet werden mußte, was nur beweist, daß sich in verstaatlichten Unternehmungen, und die Banken machen hier keine Ausnahmen, die Vorstände einander Verträge zuschanzen können, die keiner Kontrolle unterliegen, ja nicht einmal auf Erfolgskurs angelegt sind. Erschreckt Sie diese Entwicklung nicht?

Kreisky: Ich habe mich immer gegen die viel zu hohen Gehälter und Abfindungen der Generaldirektoren und Manager im verstaatlichten Bereich gewehrt. Viel vernünftiger wäre es, die Gehälter an die Erfolge zu binden, die Manager in Betrieben erreichen, wie es ja im privaten Bereich üblich ist.

Reimann: Wie würden Sie überhaupt Ihre Ära im Rückblick einschätzen?

Kreisky: Wir haben Grundlagen gelegt für eine Wirtschaftspolitik, deren Leitlinien vom Geist der Wohlstandsförderung erfüllt sind. Österreich wurde ein Land gesteigerten Wohlstandes, wobei wir weder von einem Wunder redeten, noch uns in Spekulationen einließen, vielmehr die intensive Wohlstandssteigerung auf Jahre verteilten. Niemals vorher ist es vielen so gut gegangen wie in der

Zeit meiner Regierung. Die Strukturbereinigung wurde damals begonnen und wird heute fortgesetzt. Die Konjunktur erreichte mehrere Jahre hindurch immer neue Höhepunkte. Dazu kam die Förderung im Wohnungsbau. Vierhundertausend Wohnungen wurden neu gebaut und ermöglichten vielen die Schaffung von Eigentum. Die Sozialpartner waren angewiesen, einen Mittelweg zu gehen, wodurch es zu einer relativen Gerechtigkeit bei Gehaltssteigerungen kam. Die Menschen konnten sich mehr leisten (Autos, Wohnungseigentum, Zweitwohnungen, Auslandsreisen). In keinem meiner Regierungsjahre kam es zu einem Wohlstandsabfall. Über die Ankündigung, eine eigene Autoerzeugung aufzuziehen, erreichten wir, daß sich das Ausland bereit erklärte, uns durch eine stark erweiterte Zulieferungsindustrie an der Autokonjunktur mitverdienen zu lassen. Ich habe nach meinem Rücktritt in einem Vortrag im Hotel Hilton, an dem auch die Herren Taus und Krejci teilnahmen, die Grundzüge meiner Politik in den Regierungsjahren dargelegt und die Herren danach gefragt, ob sie Einwände dagegen hätten, was jedoch nicht der Fall war. Mich heute für alles verantwortlich zu machen, was nach meinem Abgang geschah, ist mehr als billig. Wenn man von einer »Palawatsch«-Politik reden will, dann trifft dies vielfach auf die Politik zu, die nach meinem Abgang betrieben wurde.

Als wesentlichen Pluspunkt meiner Regierungstätigkeit sehe ich auch die Freiheit der kulturellen Entwicklung an. Alle Hindernisse, die man gegen diese Freiheit aufgerichtet hatte, wurden beseitigt. Es kam zu einem generellen Durchbruch der Talente und zu einer Bildungsrevolution ungeahnten Ausmaßes. Durch kostenloses Studium, kostenlose Schulbücher und Schülerfreifahrten ermöglichten wir auch armen Kindern und den Kindern vom Lande, zu studieren. Sicherlich hat das Probleme mit sich gebracht, doch war dies ein Teil meiner Politik der Überholspur.

und BMW nach Österreich, damit sie hier Niederlassungen gründen und sichere Arbeitsplätze schaffen. Was die Verstaatlichte betrifft, so sollte man nicht vergessen, daß sie jahrzehntelang die Privatwirtschaft mit Produkten der Grundstoffindustrie billig versorgte, Aufträge an Privatfirmen erteilte und entscheidend am Wiederaufbau der österreichischen Wirtschaft beigetragen hat. Ihr in der Not zu helfen, war deshalb eine patriotische Pflicht.

Reimann: Sie gehören zu jenen Politikern, die fast wie ein Seismograph auf die Schwingungen der öffentlichen Meinungen reagierten. Das war auch der Grund, weshalb Sie so glänzend mit den Journalisten ausgekommen sind, obwohl keine Zeitung von Bedeutung Ihrer Partei gehört oder diese unterstützt. Man nahm Ihnen die Offenheit ab, mit der Sie über Dinge redeten, über die zu reden Politiker gewöhnlich vermeiden. Nur einmal brüskierten Sie geradezu die Volksmeinung, als es um den Bau des Konferenzzentrums ging. Auch die Zahl von einer Million Stimmen schockte Sie nicht. Was hat Sie zu dieser Haltung bewogen? Wollten Sie nur als großer Bauherr in die Geschichte eingehen?

Kreisky: Schauen Sie, es war das Bestreben beider Großparteien, Wien zur UNO-Stadt zu machen. Die Gründe dafür sind zahlreich gewesen. Als kleines und neutrales Land waren wir darauf aus, an der Grenze zwischen zwei Welten eine gewisse internationale Absicherung zu haben. Der Beschluß, zu den UNO-Verwaltungsgebäuden ein eigenes Konferenzzentrum zu bauen, ist zur Zeit der ÖVP-Alleinregierung beschlossen worden. Ich hielt an diesem Beschluß fest, nicht, weil ich die Volksmeinung geringschätze, sondern weil ich die Ansicht vertrat, daß eine politische Notwendigkeit durchgezogen werden muß, selbst wenn sie augenblicklich nicht populär ist, weil Oppositionsparteien und Massenmedien aus allen Rohren schießen. Inzwischen hat die »Süddeutsche Zeitung« (25. November 1987) eine Aufstellung gebracht, welch politische und wirtschaftliche Bedeutung die acht UN-Organisationen für Wien und Österreich haben. Wien ist, wozu der Bau des Konferenzzentrums mit beigetragen hat, nach Paris, London, Brüssel und Genf die fünftgrößte Konferenzstadt Europas. Denkt man an die EXPO 1995, dann erweist sich der Bau des Konferenzzentrums als vorausschauende Tat.

Reimann: Wir kommen jetzt zu Fragen rein persönlicher Art. Wem von den Menschen, die in unserem Jahrhundert Politik gemacht haben, gehört Ihre Bewunderung? Ich lasse die rein persönlichen Freundschaften außer acht, wie etwa zu Karl Kahane, Ihrem vielleicht besten Freund, zum ehemaligen Finanzminister Salcher, zum Palästinenser Sartawi, zu Franz Olah und anderen intim befreundeten Menschen. Mich interessiert Ihre Ansicht über Politiker, die in diesem Jahrhundert Geschichte gemacht haben.

Kreisky: Als ersten möchte ich Otto Bauer nennen, der mir in meiner Jugend als geistige Potenz ungeheuer imponierte. Seine Analysen hatten etwas Faszinierendes, waren eine wunderbare Kombination von Historie und aktueller Politik. Ihr Buch über Seipel und Bauer unter dem Titel »Zu groß für Österreich« hat mich, wie ich Ihnen schon bei einer unserer ersten Begegnungen sagte, eine schlaflose Nacht gekostet. Große Bewunderung bringe ich auch Winston Churchill entgegen. Sein Mut, gegen Hitler einen Kampf aufzunehmen, der schon verloren zu sein schien, und sein Glaube an den Sieg des Rechts und der Menschlichkeit sind schlechthin imponierend.

Reimann: Allerdings, sein politisches Ziel, England als große Kolonialmacht aus dem Krieg zu retten, hat er nicht erreicht. Wenn man seine Verhandlungen mit Stalin liest, dann kommt klar zum Vorschein, daß er um die Erhaltung des Britischen Empires europäische Länder Stalin zu opfern bereit war. Das britische Imperium konnte er doch nicht retten. Es zerfiel, und das besiegte und gedemütigte Deutschland hat nun England wirtschaftlich weit hinter

Kreisky: Der Posten ist sicher interessant, doch wieder nicht so interessant, wie es den Anschein haben mag. Der Generalsekretär der UNO ist Beamter, der die Beschlüsse des Sicherheitsrates und der Generalversammlung auszuführen hat. Eigeninitiative kann er bestenfalls auf verwaltungspolitischem Gebiet entwickeln, kaum aber auf rein politischem, weil er dann sofort in die Auseinandersetzung der entgegengesetzten politischen Interessen geraten würde. Ich bin ein politisch zu selbständig denkender Mensch, als daß ich mich in der Stellung des höchstbezahlten politischen Befehlsempfängers wohl fühlen würde.

Reimann: Sie sind Agnostiker. Das heißt, Sie sind kein Atheist, den der Kampf gegen jede Religion kennzeichnet. Sie hingegen schätzen Religionen und haben immer mitgetan, wenn von seiten der SPÖ ein Ausgleich der Interessen notwendig und ein Modus vivendi zwischen Kirche und Sozialisten gefunden werden mußte. Ich verweise auf Ihren Anteil an dem Konkordat, das auch Ihre Unterschrift trägt. Ich erwähne das letzte unter Ihrer Parteiführung beschlossene Parteiprogramm, das streckenweise die gleichen Ziele von Kirche und SPÖ, vor allem auf sozialem Gebiet, festhält. In Ihre Zeit fällt auch die Versöhnung zwischen Kirche und Gewerkschaft, und Kardinal König war ein hochgeehrter Gast beim Gewerkschaftskongreß. Es ist heute überhaupt keine Schwierigkeit mehr, sozialistisches Parteimitglied oder Funktionär und Katholik zu sein, was im ersten Jahrzehnt, als Schärf die Partei führte, noch der Fall war, und der einzige Katholik in der damaligen sozialistischen Führungsmannschaft, Justizminister Otto Tschadek, hatte so manche Hürde zu überwinden. Sie waren es auch, der den Tübinger Theologieprofessor Hans Küng nach Wien zu einem Vortrag einlud. Es herrschte damals eine Aufbruchsstimmung in der katholischen Kirche, weil das Zweite Vatikanum viele Freiräume geöffnet hatte, die nun wieder geschlossen zu werden scheinen. Daran ist die konservative Politik des heutigen Papstes Johannes Paul II. schuld, der sicher einen Missionspapst darstellt, wenn man die vielen Reisen und das damit verbundene Medienspektakel betrachtet, der aber keinen Blick für hochaktuelle Probleme besitzt, wie etwa die Bevölkerungsexplosion. Wie beurteilen Sie, der mit großem Interesse und lange Zeit auch mit Wohlgefallen die Entwicklung der katholischen Kirche verfolgt hat, die Politik des derzeitigen Papstes?

Kreisky: Obwohl ich nicht gerne über Dinge ein Urteil abgebe, zu denen ich als Agnostiker keinen Zugang habe, möchte ich doch meine Enttäuschung über die Politik des derzeitigen Papstes nicht verhehlen. Sie nannten schon die Bevölkerungsexplosion, die, wenn sie in den Entwicklungsländern so weitergeht, die Welt vor unlösbare Probleme stellt, wenn man bedenkt, daß man schon heute mit den Problemen Müll, Auto, Umwelt- und Wasserverschmutzung, der Vernichtung der Regenwälder und dem Ozonloch, um nur die gängigsten zu nennen, nicht fertig wird. Auch das Problem des Zölibats entspricht immer weniger der Zeit, die auch durch die Frauenemanzipation eine gesellschaftliche Revolution von größtem Ausmaß durchmacht. Die protestantische und die Ostkirche kennen das Problem des Zölibats nicht, und man kann doch nicht sagen, daß Pastoren und Popen weniger fromme Priester sind.

Reimann: Liegt es nicht auch daran, daß der Papst aus Polen kommt, wo die Kirche nicht nur eine religiöse, sondern auch eine eminent politische Aufgabe hat, und das seit Jahrhunderten. Nicht umsonst wird die Madonna von Tschenstochau als die »Königin von Polen« gefeiert. Dank der katholischen Kirche verkrafteten die Polen ideell am besten die Stalinzeit. Diese ihre Gläubigkeit mag den heutigen Papst dazu verleiten, die Welt mit polnischen Augen zu betrachten, doch die westliche Welt ist völlig säkularisiert.

Was mir an ihm mißfiel, war sein Intrigantentum. Wer ihm gefährlich zu werden drohte, den versuchte er schon vorher zu Fall zu bringen.

Reimann: Sie haben sich nun seit über einem Jahr von allem zurückgezogen, während Sie noch fünf Jahre nach Ihrem Ausscheiden aus der Politik den Bericht der »Unabhängigen Wissenschaftlichen Kommission für Beschäftigungsfragen« vorlegten, deren Vorsitz Sie innehatten. Der Bericht erschien unter dem Titel »20 Millionen suchen Arbeit«. Es ist gewissermaßen der Schlußstrich unter Ihrer Lebensarbeit, die seit Beginn Ihrer politischen Tätigkeit das Problem der Arbeitsplätze immer als eines der Hauptprobleme behandelte. Sie sagten es einmal klar: »Staatsschulden bereiten mir Kopfzerbrechen, Arbeitslose aber schlaflose Nächte.«

In einigen Monaten (22. Jänner 1991) werden Sie achtzig Jahre alt. Da beginnt man über Dinge nachzudenken, die im geschäftigen Alltag nur gelegentlich auftauchen. Sie bezeichnen sich als Agnostiker, eine Einstellung, die eher pessimistisch klingt. Sie haben weder den Kampfgeist des Atheisten, der die Religion als Opium und deshalb als Hindernis für den Fortschritt der Menschheit bewertet, noch die Hoffnung des religiösen Menschen auf ein jenseitiges Leben, in dem alles Leid dieser Welt in Freude verwandelt wird. Was ist für den Agnostiker Kreisky der Sinn des Lebens?

Kreisky: Über den Sinn des Lebens kann ich eigentlich nichts sagen. Das bleibt religiösen Menschen vorbehalten. Für mich gibt es gewisse moralische Grundüberzeugungen, an die zu halten ich mich bemühe. Da ist in erster Linie die Toleranz gegenüber Menschen, ihren Ansichten und religiösen Überzeugungen, dann eine Art Gewissen, das mir sagt, nichts Unrechtes gegen die Mitmenschen zu tun.

Reimann: Darin unterscheiden Sie sich im Grunde nicht von den Christen oder, besser noch, von jedem Menschen, der seine Religion ernst nimmt. Mich interessiert etwas anderes. Ich las Vaclav Havels »Briefe an Olga, Betrachtungen aus dem Gefängnis«, die nach seiner Befreiung und dem Umsturz in der Tschechoslowakei veröffentlicht worden sind. Auch Havel nennt sich einen Agnostiker, obwohl ich nach der Lektüre seines Buches davon nicht mehr so ganz überzeugt bin. Im übrigen, wie schön wäre es gewesen, wenn neben Havel als Präsidenten der Tschechoslowakei und neben Weizsäcker als Bundespräsidenten des neuen wiedervereinigten Deutschland es auch einen österreichischen Bundespräsidenten Kreisky geben würde. Nun aber eine Stelle aus dem über 300 Seiten langen Buch von Havel:

»Die Vorstellung einer kompletten und endgültigen Erkenntnis, die alles erklärt und keine neuen Fragen mehr hervorruft, ist für mich eindeutig mit der Vorstellung des Endes verbunden – des Endes des Geistes, des Lebens, der Zeit und des Seins. Alles, was in dieser Sache je Sinnvolles ausgesprochen wurde (einschließlich jeder religiösen Offenbarung), zeichnet sich im Gegenteil, wie mir scheint, gerade durch dramatische Offenheit, Unfertigkeit aus. Es hat nicht den Charakter der Feststellung, sondern eher den des Aufrufs und Appells; es ist etwas vor allem anderen ›Geschehendes‹, Lebendes, was uns mitreißt oder anspricht, verpflichtet oder reizt, das mit unserer innersten Erfahrung zusammenklingt, und vielleicht auch von Grund auf unser ganzes Leben ändert; das sich jedoch nie bemüht, die nicht zu beantwortende Frage nach dem Sinn des Lebens so oder so eindeutig zu beantworten (beantworten als ›Erledigen‹, vom Tisch wischen). Immer schlägt es eher eine Art vor, wie man mit dieser Frage leben kann. Ist das wenig? Ich glaube überhaupt nicht. Mit dieser Frage leben bedeutet nämlich nichts anderes, als irgendwie dauernd auf sie zu ›antworten‹; beziehungsweise mit jenem ›Sinn‹ in einer Art lebendigem ›Kontakt‹ zu sein; beziehungsweise eine Art undeutlichen Widerhall ›dieses‹

Sinnes zu hören. Dies ist also nicht das Ende eines Problems, sondern im Gegenteil, das immer engere Zusammenleben mit ihm. Und tatsächlich: Auch wenn wir so etwas wie eine ›Antwort‹ (wenigstens in der traditionellen Bedeutung des Wortes) nicht kennen und begreiflicherweise nicht kennen können, trotzdem sind wir – indem wir dauernd in der Frage nach ihr leben, sie ersehnen und sie suchen – de facto immer wieder indirekt mit ihr konfrontiert. Darin ähnelt der Mensch ein wenig dem Blinden, der die geliebte Frau berührt, die er nie gesehen hat und nie sehen wird. Der Sinn des Lebens ist also etwas, mit dem wir uns auf diese oder jene Weise sättigen, das wir ständig suchen und verzweifelt entbehren, und das wir also wirklich – sei es auch im höchst verzweifelten Entbehren – auf eine Weise berühren beziehungsweise das auf diese oder jene Weise uns berührt. Es ist kein Punkt hinter dem Leben, sondern der Ausgangspunkt zu seinem tieferen Erleben. Als ob es irgendein Licht wäre, dessen Quelle wir nicht sehen und nicht sehen können, aus dessen Leuchten wir aber trotzdem leben – sei es so, daß wir uns an seinem unbegreiflichen Übermaß freuen, oder so, daß wir an seinem unbegreiflichen Mangel leiden.«

Reimann: Hier ist die Frage nach dem »Sinn« des Lebens für jeden Menschen aufgeworfen, gleichgültig ob er religiös ist oder Agnostiker. Was ist Ihre Ansicht dazu? Ist die Frage nach dem Sinn des Lebens nie an Sie herangetreten? Haben Sie nie darüber nachgedacht?

Kreisky: Doch, nachgedacht habe ich öfter darüber, die Frage taucht auch stets auf, wenn ein lieber und einem teuer gewordener Mensch für immer aus dem Leben scheidet. Doch ich kann keine Antwort darauf finden. Der Stand der heutigen Wissenschaft nimmt mir auch die Möglichkeit, auf ein Wiedersehen oder gar Paradiesesträume zu hoffen. Vielleicht ist etwas Wahres an dem Kantschen Gesetz in uns, das uns ein gewisses moralisches Verhalten vorschreibt.

Reimann: Sie sagten mir bei einem unserer Gespräche, daß ein gewisses Fortleben in der Erinnerung an einen Menschen möglich ist. Das gilt natürlich nur für Menschen, die wir groß nennen, ob in der Politik, Wissenschaft oder Kunst, doch hier ist der Laternenauslöscher unbarmherzig. Jedes Jahr verschwinden auch große Menschen der Vergangenheit aus dem Gedächtnis der Menschen. Dann gibt es noch die Familientradition, und sie ist unter den zivilisierten Völkern am stärksten im religiösen Judentum verankert, daß in seinen Generationsreihen auf jenen Ururenkel hofft, der den Messias schauen wird. Aber Sie sind auch kein religiöser Jude. Für Sie endet mit dem Tod jedes Leben. Wenn ich es so ausdrücken kann, sind die moralischen Gesetze, die wir befolgen oder sogar befolgen müssen, weil sonst ein Leben unter den Menschen nicht möglich wäre, in uns etwa so eingepflanzt, wie die Triebe beim Tier, das handelt ohne zu wissen, warum, während wir wissen, warum. Wie steht es nun beim Agnostiker um den Tod, hat er Angst vor ihm?
Kreisky: Ich glaube nicht, wenn ich auch nicht genau weiß, wie es ist, wenn er kommt. Manchmal aber ersehne ich ihn als eine Art Erlösung.

Nachwort

Die Gespräche mit Dr. Bruno Kreisky, die hier vorliegen, habe ich im Lauf seines letzten Lebensjahres geführt, das letzte eine Woche vor seiner Abreise nach Meran. Wir hatten ein weiteres Zusammentreffen nach seiner Rückkehr vereinbart; dabei wollte ich ihm das fertige Manuskript überreichen und etwaige Unklarheiten klären. Nach seiner Rückkehr erfuhr ich von seiner Sekretärin, Frau Margit Schmidt, der Treuesten der Treuen, daß sich

Srbik war ein Demokrat, liberal, ein Feind jeder Art von Unterdrückung, wenn er auch einen mit starker Hand geführten Staat einem von Parteihader zerissenen vorzog. Da er als Mensch zur Harmonie strebte, wollte er auch den Staat nicht zum Spielball divergierender Kräfte haben, allerdings auch nicht als Machtobjekt von ehrgeizigen Politikern oder politischen Abenteurern, immer bedacht auf die Einhaltung der von Montesquieu aufgestellten Gewaltentrennung von Legislative, Exekutive und richterlicher Gewalt. Srbik plädierte für den Anschluß, aber er wollte ihn entweder in Form einer Personalunion oder wenigstens so, daß Österreich eine besondere eigenständige Stellung einnehme. Sein ganzes wissenschaftliches Werk, vor allem sein Buch über die »Deutsche Einheit«, zielt auf diese Sonderstellung Österreichs im deutschen Raum hin. Um auch in Deutschland seine Vorstellungen von der deutschen Einheit seinen Zuhörern nahezubringen, hielt er Vorträge in Berlin und anderen deutschen Städten, und überall hob er die Verdienste Österreichs um Deutschland in der Vergangenheit hervor, wie sie von keinem anderen deutschen Staat, einschließlich Preußens, erbracht worden war.

All dies mag Schuschnigg veranlaßt haben, Srbik den Posten des Vizekanzlers anzutragen, in der Hoffnung, daß er die nationalen Gruppen abdecken würde. Srbik winkte ab, er wollte sich nicht verbrauchen lassen und seine Wissenschaft für die Politik aufgeben. Auch war »national« nicht mit »nationalsozialistisch« gleichzusetzen, obschon die Nationalsozialisten, die niemand neben sich duldeten, die Nationalen allmählich aufsogen.

Schuschnigg tat alles, um die Reichsregierung zufriedenzustellen, nahm gemäßigte Nationalsozialisten in die Regierung auf, öffnete ihnen die Vaterländische Front, schloß Verträge mit Hitler – doch alles vergebens. Als der österreichische Bundeskanzler mit der Ankündigung einer Volksbefragung der nachbarlichen Umarmung im letzten Moment ausweichen wollte, zog Adolf Hitler die Schlinge zu.

Srbik war von den Ereignissen genauso überrascht wie die meisten Österreicher. Freude und Sorge mischten sich bei ihm. Allgemein hoffte man, daß der Anschluß einen mäßigenden Einfluß auf Hitlers Politik ausüben werde.

Diejenigen, die damals mit Hitler ein Gespräch führen konnten, allen voran der Wiener Erzbischof Kardinal Innitzer, hegten die gleichen Illusionen. Es werde sich alles bessern, hieß es. Es war ein großer Irrtum. Hitler tat seinem Heimatland das Schlimmste an, was nur angetan werden konnte: Er löschte den Namen des Landes aus und glaubte, damit auch dessen Geschichte zu tilgen.

Ohne Srbik zu fragen, setzte ihn der letzte österreichische Bundeskanzler, Seyß-Inquart, nun Reichsstatthalter der Ostmark, auf die Liste der Reichstagsabgeordneten, deren Wahl zugleich mit der Volksabstimmung über den Anschluß stattfand. Srbik war zutiefst betroffen. Das erzählte mir seine Tochter Walburga, und das bestätigte mir auch Adam Wandruszka, einer von Srbiks Lieblingsschülern, der ihn damals am Michaelerplatz traf und dem er sein Befremden und seine Verärgerung über das eigenmächtige Vorgehen des Reichsstatthalters nicht verhehlte. Er habe überlegt, sagte er zu Wandruszka, ob er nicht seinen Namen von der Liste streichen lassen solle, doch würde das als Affront angesehen werden und ihn, möglicherweise aber auch seine Familie, in Schwierigkeiten bringen. Beinahe hätte er Glück gehabt. Die Parteigrößen in Berlin stießen sich an seinem Namen, auch war er nicht Parteimitglied. Seine geistige Einstellung, sein Bekenntnis zur universalistischen Kaiseridee und seine Bevorzugung Österreichs gegenüber Preußen waren keine Empfehlungen für einen Sitz im Reichstag. Die Entscheidung dürfte Hitler selbst gefällt haben. Für ihn war ein so hochgeschätzter Mann wie Srbik als Reichstagsabgeordneter eher ein Glücksfall. Srbik nahm insgesamt an einer einzigen Reichstagssitzung teil. Doch was für Jannings seine Rolle als Ohm Krüger, das war für Srbik die Ernennung zum Reichstagsabgeordneten. Er war von diesem Augenblick an ein Gezeichneter.

Im Zuge meiner Rigorosen – ich hatte bei Srbik dissertiert – und meiner anschließenden Aufnahme ins Institut für Geschichtsforschung hatte ich mehrmals Gelegenheit, mich mit meinem Lehrer zu unterhalten. Bei diesen Gesprächen streiften wir auch politische Gegenwartsfragen, wobei ich anfangs äußerst vorsichtig, später etwas offener Kritik an einzelnen Maßnahmen der nationalsozialistischen Regierung übte. Oft nickte er zustimmend; hin und wieder äußerte er sich, verständlicherweise überaus zurückhaltend, über die eine oder andere Maßnahme des Regimes. Vor allem machte ihm die nationalsozialistische Juden- und Kirchenpolitik Sorge, auch war er bitter enttäuscht, daß der Name Österreich ausgelöscht worden war. Damals kam das Gerücht auf, Srbik hätte mit anderen bekannten Persönlichkeiten eine Adresse an Hitler gerichtet mit der Bitte, den Namen Österreich wieder einzuführen, doch fand ich kein Dokument darüber.

Spätestens nach dem Beginn des Rußlandfeldzuges war es Srbik klar, daß der Krieg nicht mehr gewonnen werden könne. Universitätsprofessor Hamann, der zu den letzten Schülern Srbiks gehörte, äußerte sich 1978 in einem Gedächtnisvortrag in der Akademie der Wissenschaften über die Vorlesungen Srbiks während der Kriegszeit: »In Gesinnung wie Formulierung war alles, was Srbik vortrug, vollkommen übernational und europäisch ... Er behandelte in seinen Vorlesungszyklen (von der Renaissance bis an die Schwelle unseres Jahrhunderts) die Geschichte aller europäischen Nationen ganz gleichwertig und gleichmäßig ... Kein haßerfülltes oder abwertendes Wort gegenüber anderen Völkern und deren nationalen historischen Ansprüchen, nie ein Wort der Unduldsamkeit gegen andere Weltanschauungen, keine Spur von Antisemitismus, aber

Respekt, ja Sympathie für das geistige Frankreich in Geschichte und Gegenwart, Verständnis für die deutsche Kleinstaaterei und deren kulturellen Mikrokosmos ... Rührende Plädoyers für den Ideengehalt und die Werte des Katholizismus, für die geschichtliche Stellung des Papsttums und die weltlichen katholischen Mächte... Es gab keine Englandhetze. Auch in seinen Bemerkungen über die Probleme Polens und dessen Beziehung zu Österreich spürte man echte, historisch und menschlich begründete Sympathie. Nie kam ein geringschätziges Wort über slawische Völker über seine Lippen.« Hamann erwähnte in seinem Vortrag auch den Schluß der Rede Srbiks anläßlich seines 65. Geburtstages (Oktober 1943), die voll brisanter Anspielungen war. Sein Hauptanliegen als Historiker, sagte Srbik, sei es immer gewesen und werde es immer mehr, jene Rechte, die Preußen, Bayern und anderen deutschen Staaten und Stämmen mit Selbstverständlichkeit zugestanden wurden, auch seiner geliebten, nun zu Unrecht schwer zurückgesetzten und abgewerteten österreichischen Heimat zu dedizieren... Sie hätte sich in einem Jahrtausend ruhmvoller Geschichte oft genug und sogar noch weit mehr um das Reich verdient gemacht als alle anderen deutschen Staaten, deren verantwortliche Fürsten und Staatsmänner nur zu oft weggeschaut hätten, wenn es in schweren Stunden der Reichsgeschichte darauf angekommen sei. Es fehlte, fuhr Hamann fort, auch nicht Srbiks bitterer Hinweis an Berlin, als Wien um ein Haar dem Islam in die Hände gefallen wäre, und erst der Einsatz der Polen, zusammen mit einigen deutschen Fürsten, die belagerte Stadt von den Türken befreite. Srbiks Ausführungen wurden von den Zuhörern mit tosendem Applaus quittiert. »Es war«, folgert Hamann, »klar, warum ein solcher Mann an seinem Posten festhielt, ja festhalten mußte, um möglichst viel Kontinuität zu erhalten und an Substanz zu retten.«
Der Dank des ehemaligen Schülers Hamann an Srbik

gewalt gelegen haben, die mehr als individueller staatlicher Berechnung entstammte und dem traditionellen, abendländischen Gemeinschaftsgefühl entsprang. Sie muß eine Werbekraft besessen haben, die im Geist seiner Zeit wurzelte.«

Für Srbik war Metternich »der letzte große Verteidiger der alten Staatsordnung«, sein Wirken bedeutete den grandiosen Versuch, den Gang der Entwicklung aufzuhalten, sein System ist »der klassische Ausdruck des Restaurationsgeistes«.

Metternich selbst lehnte es ab, von einem »System« zu sprechen. Er, der weder ein politischer Systematiker noch ein Staatsphilosoph war, hat auch tatsächlich niemals ein einheitliches staats- und gesellschaftstheoretisches Gedankengebäude zusammenfassend formuliert.

Metternich wurde 1773 geboren. Er entstammte einem rheinischen Adelsgeschlecht und trat in österreichische Dienste. Seine Heirat mit Lori Kaunitz, der Großenkelin des berühmten Staatskanzlers unter Maria Theresia und Joseph II. ermöglichte ihm den Zutritt zum kaiserlichen Hof und zu den zehn erlesenen Familien. 1806 bis 1809 war er österreichischer Botschafter in Paris. Seine Berichte über die Kriegsmüdigkeit der französischen Bevölkerung hatten zweifellos einen nicht unwesentlichen Anteil am Entschluß des österreichischen Außenministers Philipp Stadion, den Krieg gegen Napoleon im Jahr 1809 zu wagen.

Österreich war damals die große Hoffnung der deutschen Intelligenz, während Preußen durch den Separatfrieden von Basel (1805) als eine Art Verräter angesehen wurde, weil es sich auf Kosten anderer deutscher Staaten im Norden vergrößert hatte. Tatsächlich gelang es Erzherzog Karl, bei Aspern Napoleon die erste Niederlage zuzufügen (1809), doch folgte bald darauf die österreichische Niederlage bei Wagram.

Die schmachvollen Bedingungen, die Österreich im darauffolgenden Frieden von Schönbrunn auferlegt wurden, hatten auch eine innenpolitische Folge, weil die sogenannte Franzosenpartei ans Ruder kam und Metternich Außenminister wurde. Gegen ihn stand die Gruppe der »Napoleonhasser« mit der Kaiserin Ludovika, die Goethe »enthusiastisch« verehrte, und den Erzherzögen Karl und Johann an der Spitze. Die Politik des Lavierens, die Metternich betrieb, gehörte zu seinem »System«. Er spielte nach allen Seiten, darauf bedacht, sich keine Seite zum Feind zu machen und für Österreich das Beste herauszuholen. Seine wichtigste politische Aktion in dieser Zeit war die Vermählung der Kaisertochter Maria Louise mit Napoleon. Das Verhältnis zwischen ihr und Metternich war denkbar schlecht. Wegen seiner Beziehungen zu Napoleons Schwester Karoline Murat nannte sie ihn den »ekelhaftesten Gecken, den es je auf Erden gegeben hat«. Nach der Niederlage Napoleons in Rußland 1812 wuchs Metternich zum Meister des politischen Spiels, wenngleich auch des Ränkespiels. Er hielt Preußen, Rußland und Frankreich hin. Das ist mit eine der Ursachen, weswegen er als falschzüngiger Diplomat verschrieen ist, doch auch hier weist Srbik auf Metternichs Gegenspieler in Preußen hin, auf Staatskanzler Karl von Hardenberg, der auch nicht die Moral in der Politik gepachtet hatte: »Wer das Ruder des Staates unter solchen Bedingungen übernimmt, darf nicht dazu erzogen sein, ohne Falsch zu bleiben wie die Tauben, er muß auch die Klugheit der Schlangen besitzen.«

Während Preußen und Rußland alle Vorbereitungen zum großen Endkampf gegen Napoleon trafen, hielt Metternich an seiner Neutralität fest und behielt sich die Freiheit des Handelns vor. Seine Politik war kaltherzig und auf den Erfolg ausgerichtet. Dabei hatte er es nicht leicht, weil die Freiheitsstimmung in Österreich wie in Deutschland gegen ihn war. (Es gab sogar eine Art Verschwörung, an der Erzherzog Johann beteiligt war. Sie wurde durch Metter-

schlimmer stand es mit seinem Nachfolger, Kaiser Ferdinand, der 1835 an die Regierung kam. Srbik spricht hier ein hartes Urteil:

»Ein Staat ohne Souverän, dessen periodisch epileptische Anfälle sorgfältig verheimlicht wurden und von dem Metternich 1835 gesagt hatte, Kaiser Franz sei Granit gewesen, Ferdinand hingegen sei Teig, eine Erzherzogsgruppe, der es teils an Talent, teils an Erfahrung und Energie, teils an Einigkeit fehlte, der ›Supremie‹ des Kanzlers zu widerstehen, Systemlosigkeit des obersten Staatsapparates und Einrichtungen in Gericht und schwerfälliger Verwaltung, die aus entfernter Vergangenheit herüberragten, alles in allem eine schleichende, schwere Krise des Staates, an der Metternichs Ideologie und Ehrgeiz durch Beharren auf der legalen Thronfolge reichlich Anteil haben.«

Je mehr Metternich die Macht entglitt, desto mehr stemmte er sich dagegen. Aber mit dem Schwinden seiner Kraft schwand auch die Kraft des Staates, der selbst einen »Zug zur Greisenhaftigkeit und Müdigkeit« annahm.

In den vierziger Jahren des vorigen Jahrhunderts gab es eine Wirtschaftskrise mit Bankenzusammenbrüchen, einer schlechten Marktlage sowie Absatzstockungen und Arbeitslosigkeit. Am 13. März 1848 brach in Wien die Revolution aus. Metternich mußte die Flucht antreten. Er floh nach England; 1852 kehrte er nach Österreich zurück und zog wieder in sein Palais am Rennweg. Er führte einen regen Briefwechsel, auch um Rat wurde er gefragt. Fast scheu nannte die Umgebung den Greis den »Alten vom Berge«. Am 11. Juni 1859 starb der »Fürst der Legitimität« (Grillparzer). Ohne Todeskampf ging Metternich um die Mittagsstunde hinüber. Der Dichter Friedrich Hebbel schrieb: »Unser alter Staatskanzler ist auch hinübergegangen. Mir kommt es vor, als ob jetzt die Uhr von Europa zerschlagen wäre.«

Deutsche Einheit – Idee und Wirklichkeit vom Heiligen Reich bis Königgrätz

Dieses vierbändige Werk gehört wie »Metternich« zu den großen Schöpfungen der Geschichtsschreibung unseres Jahrhunderts. Wieder möchte ich Henry A. Kissinger zitieren, dem keiner den Vorwurf machen kann, er hätte irgendwelche politischen und menschlichen Beziehungen zum Thema und zum Autor. Der ehemalige Außenminister bezeichnet das Werk »eine tiefgreifende Studie des Drangs nach deutscher Einheit und des Kampfes zwischen Österreich und Preußen«.

Wer die vier Bände liest, der wird am Ende nicht exakt sagen können, ob der Lauf der deutschen Geschichte zur Einheit oder zur Trennung strebte. Das ist eben das Besondere an Srbiks Darstellung, daß er die Geschichte nicht manipuliert, sondern in allen ihren Verästelungen aufzeigt. Die deutsche Geschichte hätte auch anders verlaufen können, nämlich zur großen Teilung in ein nördlich und südlich des Mains gelegenes Deutschland. Das hätte schon deshalb einige Berechtigung gehabt, weil die Mainlinie das Reich in zwei Religionsgemeinschaften teilte, in die katholische und die protestantische.

Prinz Eugen, eine der größten Gestalten der deutsch-österreichischen, ja der europäischen Geschichte, wußte noch ohne Schwierigkeit den Ruhm und die Größe des Hauses Habsburg und die universalistische Kaiseridee, die eng mit den Habsburgern verbunden war, zu vereinen. Je größer das Haus Habsburg, desto stärker auch die Macht des Kaisers. Eugen riet Kaiser Karl VI., dem Vater Maria Theresias, diese mit dem bayerischen Thronfolger zu verheiraten und Bayern gegen die Österreichischen Niederlande, das heutige Belgien, zu tauschen, doch Karl VI. kümmerte sich nicht um den Rat seines klügsten Kopfes, sondern glaubte, mit Verträgen die Nachfolge seiner Tochter gesichert zu haben. Es war ein Irrglaube, wie sich bald herausstellte. Zum erstenmal in der Geschichte der Neuzeit überfiel ein deutscher Fürst das Land eines anderen. Friedrich II. annektierte Schlesien, ein für damalige Zeiten hoch entwickeltes Land mit eineinviertel Millionen Einwohnern. Das war der Beginn des großen Nord-Süd-Gegensatzes, diesmal auf dem Gebiet der Politik, während er zur Reformationszeit auf dem Gebiet der Religion stattgefunden hatte. Dieser Landraub hatte nachhaltige Folgen für Österreich (nämlich die Schwächung des deutschen Elements in Böhmen und Mähren), ebenso wie für den weiteren Verlauf der deutschen Geschichte (insofern Schlesiens wirtschaftliche Potenz wesentlich zum Aufstieg Preußens zur Großmacht beitrug). Heute ist Schlesien für Deutschland verloren.

Die Verehrung für Friedrich II. in Deutschland, wo er den Titel »Der Große« erhielt, ist immer noch bedeutend. Man schätzt an ihm, daß er allein durch Jahre gegen die geballte Kraft der europäischen Großmächte erfolgreich kämpfte, daß er mit der Eroberung Schlesiens die Grundlage zur künftigen preußischen Großmacht legte und daß er das Pflänzchen eines deutschen Nationalgefühls aufsprießen ließ, obwohl er selbst keines besaß, Französisch sprach, weil ihm französischer Esprit und französische Literatur näherlagen als die deutsche, die damals erst aufzublühen begann. Dieser Friedrich II. war es auch, der Joseph II. daran hinderte, den schon von Prinz Eugen aufgegriffenen Gedanken des Ländertausches zwischen Bayern und den Österreichischen Niederlanden in die Tat umzusetzen. Wieder war es ein Versuch von seiten Österreichs, sich in Deutschland eine starke Stellung zu verschaffen und der deutschen Bevölkerung in der Völkermonarchie zur Mehrheit zu verhelfen, gescheitert. Auf dem Wiener Kongreß von 1815 versäumte es Franz I., die Monarchie auch im Deutschen Reich zu verankern, als er Metternichs Vorschlag verwarf, sich im Elsaß und in der Pfalz festzusetzen. Kaiser Franz, der 1806 die deutsche Kaiserwürde zurückgelegt hatte, besaß keinen Sinn mehr für deutsche Angelegenheiten.

Der »Deutsche Bund«, eine Schöpfung des Wiener Kongresses, war kein Ersatz für das Kaiserreich. Hier hatten sich die Monarchen und Fürsten der deutschen Staaten ein Instrument geschaffen, mit dem sie ihre Herrschaft befestigten und die aufquellenden Freiheitsgedanken unterdrückten. Das hielt einige Zeit, solange Österreich und Preußen zusammenhielten, obschon mehr in negativem Sinn, um das Alte zu sichern, das nur noch mit repressiven Maßnahmen aufrechterhalten werden konnte. Die Revolution von 1848 war dann ein zweites Menetekel, doch die alten Systeme wollten noch immer nicht aufgeben. Dann aber kam Bismarck, der den Deutschen Bund durcheinanderwirbelte und alles tat, um den Primat der österreichischen Monarchie im Deutschen Bund zu unterminieren. Aber auch Bismarck, der in erster Linie Preuße war und sein Preußentum nie ablegte, auch nicht, als er der erste Kanzler des sogenannten Zweiten Deutschen Reiches geworden war, machte der österreichischen Monarchie ein Angebot: Aufteilung der Macht- und Einflußsphäre in ein Norddeutschland unter preußischer und ein Süddeutschland unter österreichischer Führung. Österreich und Preußen sollten sich den Primat innerhalb des Deutschen Bundes teilen; beide sollten einander gegenseitig den Bestand ihrer Staaten garantieren und etwaige französische Ansprüche auf deutsches Land abwehren.

Österreich, in Verkennung seiner eigenen Stärke, ignorierte diesen Vorschlag, nicht zuletzt auch deshalb, weil Kaiser Franz Joseph I. den Vorrang des Hauses Habsburg nicht mit dem Haus Hohenzollern teilen wollte. Das war für Bismarck das Signal, Österreich nicht als deutschen Verbündeten, sondern als Gegner zu behandeln, den er 1859 in dessen italienischen Schicksalskampf im Stich ließ, sich der allgemeinen nationalen Stimmung in Deutschland bediente und nach dem Sieg bei Königgrätz

1866 Österreich aus Deutschland verdrängte. Österreich war von diesem Zeitpunkt an kein deutscher Staat mehr, obwohl sich Franz Joseph noch als »deutscher Fürst« bezeichnete. Der »Ausgleich« von 1867 führte dazu, daß die Monarchie in zwei Hälften zerfiel, eine österreichische und eine ungarische, wobei als erschwerend hinzukam, daß beide Völker, das österreichische und das ungarische, nicht mehr die Mehrheit in ihren Hälften besaßen. Rein zahlenmäßig waren die slawischen Völker überlegen.

Ein reizvoller Gedanke: Was wäre gewesen, wenn zur Zeit Karls VI. Bayern und Österreich vereint worden wären? Dann hätte Friedrich II. wahrscheinlich seinen Raubzug gegen Schlesien unterlassen, auf jeden Fall hätte Preußen nie ein derartiges Übergewicht in Deutschland erringen können. Die Trennlinie des Mains, wie sie Bismarck vorschlug, hätte wahrscheinlich zu zwei etwa gleich starken Staaten geführt, jeder von ihnen für sich allein genommen zwar kleiner als Frankreich, aber durch ein gegenseitiges Bündnis abgesichert. Der deutsche Kulturraum hätte sich ebenso vergrößert wie die wirtschaftliche Kraft, die Kriegsgefahr hingegen hätte sich wesentlich verringert. Es gäbe vielleicht heute noch – nach englischem Vorbild – zwei Monarchien unter den Dynastien Habsburg und Hohenzollern, die in der Bevölkerung stärker verankert waren, als es heute erkennbar ist.

In dieser Form hat es Srbik nicht formuliert, wohl aber dem Sinn nach. Man kann eine solche Entwicklung in das Werk hineininterpretieren, wenn man es mit dem Wissen von heute liest.

Dennoch, Srbiks Buch ist ein leidenschaftliches Plädoyer für die deutsche Einheit. Das ist verständlich, wenn man die Voraussetzungen bedenkt, unter denen dieses Werk anfangs der dreißiger Jahre geschrieben wurde: der Zusammenbruch der Monarchie nach der Niederlage im Ersten Weltkrieg mit all seinen schlimmen Folgen. Österreich war kein Großstaat mehr, kaum größer als die meisten deutschen Länder und um vieles kleiner als Preußen. Der Traum von einer Führungsrolle im Reich war endgültig ausgeträumt. Immerhin hatte die deutsche Reichsregierung im Geheimvertrag zwischen den beiden deutschen Staaten von 1919 Österreich gegenüber den anderen deutschen Ländern eine Sonderstellung zugebilligt. Diese Sonderstellung erhofften sich die österreichischen Regierungen bis herauf zu Schuschnigg, wenn es zur Vereinigung der beiden Länder kommen sollte. Man darf nicht die Lüge zur Wahrheit umkehren, daß es die Bürgerlichen waren, die den Anschluß am heißesten ersehnten. Es waren die damaligen Sozialdemokraten mit Bauer und Seitz an der Spitze, die selbst die Großdeutsche Volkspartei zum Verräter stempelten, weil sie als Koalitionspartner der Christlich-Sozialen aus außenpolitischen Gründen in der Frage des Anschlusses leisetrat.

Doch Srbik ließ sich in seiner wissenschaftlichen Arbeit nie von politischen Modetrends beeinflussen. Das hatte er schon mit seinem Werk über Metternich bewiesen und bewies er nun in seinem Mammutwerk über die deutsche Einheit. Die beiden ersten Bände kamen 1936 heraus, waren also von brennender Aktualität. Hitler heimste in der Innen- und in der Außenpolitik Erfolg um Erfolg ein. In Srbiks Werk spürt man nichts davon. Schon das Vorwort zur Ausgabe der ersten beiden Bände läßt aufhorchen:

»Dieses Buch verdient nur dann seinen Namen, wenn es neben der säkularen Bedeutung der nationalstaatlichen Idee die unermeßliche Größe der universalen Idee zu begreifen versucht, die dem deutschen Volk zu eigen war und seiner Seele nie ganz verlorengehen kann.

Die alte Monarchie ist die bisher beste Zusammenfassung der raumpolitisch vereinten Völkersplitter und Kleinvölker unter deutscher Kulturführung in Ostmitteleuropa. Nur hier war der Universalismus des alten heiligen Reiches ein fortdauerndes Erbe, weil Kaiser Franz Joseph der letzte der römischen Kaiser, wenn auch nicht der äußeren

Würde nach, gewesen ist, und bei Königgrätz die große Auseinandersetzung des deutschen und mitteleuropäischen Universalismus und des nationalstaatlichen Dranges erfolgt ist.«

Noch interessanter ist das Vorwort zum dritten und vierten Band der »Deutschen Einheit«, die 1942 erschienen sind. Hier heißt es:

»Ich sehe in einer deutschen Geschichte ohne die Geschichte Österreichs einen Torso. Ich erkenne in dieser Geschichte meiner engeren Heimat eine der gewaltigsten deutschen historischen Leistungen, und ich erblicke in der Kraft der Seele, des Geistes und der Tat des deutschen Stammes im ehemaligen Österreich einen hohen gesamtdeutschen Wert auch für die Zukunft des Großdeutschen Reiches.

Es ist unmöglich, aus dem Wesen des alten Reiches den christlichen Universalismus als einen Lebensnerv von Jahrhunderten gänzlich zugunsten des anderen, der germanischen Kontinuität, zu streichen. Die Feststellung dieser geschichtlichen Idee und Wirklichkeit ist gleichwohl als ›undeutsch‹ bezeichnet worden. Ich habe mich nicht veranlaßt gefühlt, in Folge dieser und ähnlicher Einflüsse auch nur das geringste an dem seit langem fertiggestellten Schlußkapitel meines Werkes zu ändern. Aber ich habe sogar keine innere Nötigung empfunden, angesichts des ungeheuren Umbruches, der sich seit dem Erscheinen der ersten beiden Bände im Leben des deutschen Volkes vollzogen hat, die Anschauung, die Methode und die nationale Zielrichtung meiner ›Deutschen Einheit‹ irgendwie zu wandeln.«

Dieses Vorwort wurde im September 1941 geschrieben. Also in einer Zeit, als die Deutsche Wehrmacht in der Sowjetunion die größten Erfolge der deutschen Militärgeschichte errungen hatte. Das war ein nicht zu überlesender Protest gegen eine Politik, die auf Chauvinismus und Krieg setzte. Der »Böhmische Gefreite«, wie Reichspräsident Hindenburg Hitler nannte, tat genau das, was Bismarck an Napoleon getadelt hatte, und verband sein militärisches Abenteuer noch dazu mit einer Politik der Unmenschlichkeit gegenüber anderen Völkern. Rassenwahn und Großmannssucht verblendeten ihn, trübten seinen Verstand und versteinerten sein Herz.

Die Idee des Augustinus von der Civitas Dei, dem Idealstaat eines christlichen Volkes unter einem christlichen rex iustus als Schirmherr der Kirche und Verbreiter des christlichen Glaubens, beherrschte das Weltbild des frühen Mittelalters. Das Römische Reich war der Raum, dem nach dem Glauben der urchristlichen Kirche die Erlösung durch Christus bestimmt war. Die Kombination der beiden Weltreiche, des weltlichen und des kirchlichen, ergaben das Reich der Gerechtigkeit und des Friedens. Durch Karl den Großen wurde die Idee des christlichen Kaisertums nicht nur äußerlich an Rom gebunden. Sie stieß hier auch auf die andere, die kirchliche Weltidee, auf die kirchliche Pax romana, die das Papsttum vom alten Römischen Reich im Westen als neue Trägerin übernommen hatte. Der tragende Gedanke des Imperiums Karls des Großen und Ottos I. war die »Weltfriedensmission des Kaisers als des Ordners der Welt, des Fürsorgers für die Christenheit und die kirchliche Lehre, des christlichen Besiegers und Bekehrers der Heiden«.

Nach Konradin, dem letzten Staufer, der 1268 auf Befehl Karls von Anjou in Neapel hingerichtet wurde, traten die alten deutschen Gebiete in Franken und Schwaben mit den Geschlechtern der Salier und Staufer in den Hintergrund, das junge Österreich dafür in den Vordergrund.

Die lange Geschlechterfolge der südostdeutschen habsburgischen Territorialfürsten hat als Träger der Kaiserkrone die Donau zur eigentlichen Lebensader des Reichs, Wien zur tatsächlichen, wenn auch nicht rechtlichen Reichshauptstadt, die einstige Ostmark zum Stammland des Kaisertums gemacht.

Maximilian I. löste Kaiser und Reich aus der Verbundenheit mit Rom. Durch die Wahl der Kurfürsten in Frankfurt wurde der deutsche König auch deutscher Kaiser und benötigte nicht mehr die Bestätigung durch den Papst. Die Reformation Luthers brachte die Auflösung der Einheit der Religion. Sie war »eine Verengung des Universalismus und eine Revolution des Germanentums gegen das vorherrschende Romanentum im Glauben und in der Kirche«. Gegen die Reformation stand der Süden des Reiches mit dem habsburgischen Kaiser, der dem universalen Ideal und der alten Religion innerhalb seines Gebietes Geltung verschaffte. Maximilian I. war der eigentliche Begründer der Größe des Hauses Habsburg, in dem er die Niederlande und Freigrafschaft Burgund im Westen sowie Böhmen und Ungarn im Osten erwarb. Durch die Verbindung Mitteleuropas mit der spanischen Macht dank der Heiratspolitik Maximilians wurde das Haus Habsburg unter Karl V. zur Weltmacht, in dessen Grenzen tatsächlich die Sonne nicht unterging.

Karl teilte das Reich und übergab die deutschen Erblande seinem Bruder Ferdinand. In Deutschland gipfelte der Gegensatz zwischen den protestantischen und den katholischen Ländern im Dreißigjährigen Krieg, in dem mehr als die Hälfte der deutschen Bevölkerung zugrunde ging, das Land in großem Ausmaß zerstört wurde und Deutschland zum Spielball auswärtiger Mächte, wie Frankreichs und Schwedens, herabsank. Am Ende dieser Entwicklung stand der »Westfälische Friede« von 1648. Das Reich war keine staatliche Wirklichkeit mehr, die deutschen Einzelstaaten standen gegen das Reich.

Prinz Eugen verhalf Österreich im Spanischen Erbfolgekrieg zu den Spanischen Niederlanden als westlichen Eckpfeiler der habsburgischen Hausmacht und zum Herzogtum Mailand als norditalienischer Machtbasis. Durch seine Siege über die Türken, verbunden mit einer großen Kolonisierung, dehnte er Österreich bis weit nach Osten aus. Österreich war zwar über das Reich hinausgewachsen, doch blieb seine Geschichte bis zum Tod Karls VI. im großen Ausmaß Reichsgeschichte.

Als Karl VI. starb, gab es in Europa vier Großmächte: Österreich, Rußland, Frankreich und England. Preußen war auf dem Weg zur Großmacht. Schon der Große Kurfürst wälzte den Plan, Schlesien zu erobern, wenn der habsburgische Mannesstamm aussterben sollte. Er ist der Schöpfer des preußischen Heeres. Friedrich II. ist laut Srbik der »große Zerstörer des Reiches«. Die Kaiserwürde der Habsburger galt ihm als altes »Inventarstück« und als bewährtes »Hausmittel« der österreichischen Politik. Der Tod des Kaisers war ihm eine »Bagatelle«. Sein Ziel war Schlesien. Eine Rechtsfrage gab es für ihn nicht. Trotz des Rechtsbruches, der mit dem Raubzug gegen Schlesien verbunden war, gewann er die Bewunderung vieler deutscher Kreise, weil er »sieben Jahre lang den Riesenkampf gegen alle Großmächte mit unfaßbarer seelischer Kraft bis zum Endsieg durchgekämpft« und weil ein deutscher Fürst die Franzosen besiegt hatte.

Friedrich war ein Fürst der Aufklärung, jeder politischen Ideologie abgeneigt. ein »Skeptiker, Menschenverächter und Vernunftverehrer«. Das preußische Staatsvolk, das er heranzog, war nicht Subjekt, sondern Objekt und streng getrennt durch feste ständische Mauern. Die Hauptstützen, das Offizierkorps und das Beamtentum, waren pflichtbewußt, zur Sparsamkeit und Arbeit erzogen. Der Adel als Quelle des Offiziersstandes war kraftvoll und königstreu, aber auch mit einem gesonderten Standesbewußtsein ausgestattet. Das Bürgertum diente als Quelle der Steuereinkünfte, und der Bauernstand hatte neben seiner Aufgabe, für die Ernährung der Bevölkerung zu sorgen, auch die Soldaten zu stellen. Als Friedrich starb, hatte sein Heer den Ruf, das beste in Europa zu sein, waren die Kassen trotz des jahrelangen Krieges gefüllt und die Bevölkerung auf das Doppelte angewachsen.

Maria Theresia war das Gegenteil von Friedrich II., aber nicht weniger bedeutend für die Zukunft ihres Landes. Im Gegensatz zu Friedrich, urteilt Srbik, fühlte sie deutsch, besaß Herzenswärme, war voll Hingabe an Menschen, tapfer, unerschrocken und willensstark, unlogisch, aber schöpferisch.

Nicht so gut wie Maria Theresia kommt bei Srbik Joseph II. weg. Er nennt ihn einen »Staats- und Nützlichkeitsfanatiker«. Der Staat war ihm alles, womit er sich als Schüler Friedrich II. auswies. Sein Versuch, Deutsch als Staatssprache in allen Ländern seines Reiches einzuführen, scheiterte. Mit Hilfe der deutschen Sprache hatte der Kaiser gehofft, seine Lande zum engeren Verband mit Deutschland zu formen. Wegen seines Drängens, bei der Teilung Polens den beiden Mächten Preußen und Rußland nicht nachzustehen, wurde ihm Galizien zugesprochen, wodurch er seinen Staat mit noch mehr Slawen belastete.

Sein Plan, Bayern zu gewinnen, schlug fehl. Seine Kirchenpolitik mit den Klösteraufhebungen hatte zwar gute Gründe, doch geschah alles zu brutal und ohne jedes Taktgefühl, was ihm viele gläubige Menschen zu Feinden machte.

Mit dem Ausbruch der Französischen Revolution und der Machtergreifung Napoleons begann auch für Deutschland ein neues Zeitalter. Die Parolen Freiheit, Gleichheit, Brüderlichkeit zündeten auch in Deutschland. Von der England-Schwärmerei wechselte man zur Schwärmerei für die Französische Revolution und für Napoleon, der als starker Mann eine Art Ersatz für einen starken Kaiser abgab, auf den man schon zu lange gewartet hatte.

1806 verzichtete Kaiser Franz II. auf die deutsche Kaiserkrone. Er war der vierundfünfzigste Kaiser seit Karl dem Großen und der dreiundzwanzigste Habsburger, der diesen Titel trug. Er hatte schon zwei Jahre vorher den österreichischen Kaisertitel als Franz I. angenommen.

Seit der Gründung des Deutschen Bundes (1815), der 38

deutsche Staaten vereinte, gab es den Kampf zwischen Österreich und Preußen um die Vormachtstellung in Deutschland. Er gewann an Ausmaß, als nach der Revolution von 1848 im Frankfurter Parlament, der Paulskirche, der Gegensatz zwischen Großdeutschen und Kleindeutschen ausbrach. Großdeutsch war das Reich unter Führung des Habsburger-Kaisers mit all seinen Ländern; die kleindeutsche Lösung sah ein Deutschland mit dem Hohenzollern als Kaiser vor, unter Ausschluß Österreichs. Die Abgeordneten der Paulskirche stimmten mehrheitlich für die kleindeutsche Lösung, doch lehnte der Preußenkönig Friedrich Wilhelm die kaiserliche Volkskrone ab, »den imaginären Reif aus Dreck und Letten, das Hundehalsband, mit dem man mich an die Revolution von 1848 ketten will«.

Wurde die Revolution auch niedergeschlagen, das nach Stuttgart abgewanderte Frankfurter Rumpfparlament vom württembergischen Militär zersprengt und der Deutsche Bund in seine alten Rechte wieder eingesetzt, so hatte sich die Lage dennoch gegenüber der Zeit vor der Revolution geändert. Das Ansehen Preußens war enorm gewachsen. Die deutsche Bevölkerung setzte, was die deutsche Einheit betrifft, mehr auf Preußen als auf Österreich, das sich allerdings der Gunst der Mehrheit der Fürsten erfreute. In Österreich machte sich der Regierungschef Fürst Felix Schwarzenberg nach der Niederschlagung der Revolution eines folgenschweren politischen Fehlers schuldig. Er spielte gegenüber den Slawen falsch. Auf dem Reichstag im mährischen Kremsier, als es noch nicht abzusehen war, welchen Ausgang die Revolution nehmen werde, versprach er ihnen eine konstitutionelle Monarchie sowie freisinnige und volkstümliche Einrichtungen. Unter seinem Einfluß erklärte auch der junge Kaiser, er werde ein »geräumiges Wohnhaus für die Stämme verschiedener Zunge« schaffen, in dem die Rechte der Monarchie und der Vertreter der Völker geteilt werden sollen. Schon am

im liturgischen Karfreitagsgebet anstelle des bis dahin genannten Imperator Romanus den Kaiser von Österreich gesetzt. Den alten deutschen Kaiser gab es nicht mehr. Sein religiöses Erbe war auf Österreich übergegangen. Der Kaiser des Zweiten Reiches war für den Papst keines Gebetes würdig.

Die Stimmung in Österreich, aber auch in großen Kreisen der deutschen Bevölkerung, war tiefe Betroffenheit. Der hessische Demokrat Adam Trabed läßt in seinem Gedicht »Königgrätz« einen österreichischen Soldaten, der von einer preußischen Kugel getroffen wurde, klagen: »Daß ich hier lieg im tiefen Klee, von deutschen Brüdern erschlagen.«

Die Niedergeschlagenheit in Österreich war begreiflicherweise noch um etliches größer. Adalbert Stifter fühlte sich in seinem österreichischen Patriotismus und seinem deutschen und abendländischen Reichsgedanken durch Königgrätz ins »Herz getroffen«. Goethes Schwiegertochter, Ottilie, die in Wien lebte, nannte den Krieg Deutscher gegen Deutsche »eine harte Sünde«. Franz Grillparzer, Josephiner und Altösterreicher, klagte über die Auflösung des Deutschen Bundes. Preußen warf er vor: »Ihr glaubt, ihr habt ein Reich geboren, und habt doch nur ein Volk zerstört.«

Obwohl Srbik die Politik Franz Josephs hart kritisiert, läßt er dem Menschen Franz Joseph Gerechtigkeit widerfahren: »Dieser Monarch fand nicht den Weg zur Heilung der wachsenden Krankheit Österreichs und der nötigen Erkenntnisklarheit und der nötigen Folgerichtigkeit des Handelns« – doch darf nicht vergessen werden, »daß dieser Weg unendlich schwer war und daß Franz Joseph ein unvergeßliches Beispiel der Sachlichkeit, der Hingabe und der Pflichttreue gewesen ist«. Seinen Mangel an »gestalterischer Phantasie« glich er durchs eine Begabung aus, »das Mögliche zu erkennen und mit Klugheit zu verfolgen«. Er besaß die Anlage »zu einem hervorragenden Beamten«, scheute aber vor »letzten Entschlüssen«. Nach der Niederlage von Königgrätz resignierte er. Seine Devise hieß nun, »sich wehren, solange es geht, seine Pflicht bis zuletzt tun und, wenn es sein muß, mit Ehre zugrundegehen«. Franz Joseph hatte erkannt, daß er das letzte Glied einer großen geschichtlichen Kette war, als er sich selbst gegenüber dem US-Präsidenten Theodore Roosevelt als den »letzten europäischen Monarchen alter Schule« bezeichnete.

Ohne die führende Stellung Österreichs in Deutschland war die Monarchie auf Dauer nicht zu halten, schon gar nicht als Doppelmonarchie, in der Ungarn eine mit Österreich gleichberechtigte Position einnahm. Als bittere Enttäuschung mußten die Kroaten die Entscheidung des Monarchen empfinden, ihr Land bei der ungarischen Reichshälfte zu belassen – der »Dank des Hauses Österreich" für ihre Treue im Revolutionsjahr 1848, als ihr Ban Jellačić, heute noch als Nationalheld gefeiert, wesentlich zum Erhalt der Monarchie beitrug. Ohne diese Entscheidung wäre es 1918 vielleicht nicht zur Gründung des unnatürlichen Staatengebildes Jugoslawien gekommen. Ohne die Gleichstellung der Slawen in der Monarchie konnte das Reich nicht überleben. Erzherzog Franz Ferdinand fiel durch Mörderhand und mit ihm die Idee der »Trias«, der Tripelmonarchie. 1914 brach der Vulkan aus, auf dem die Donaumonarchie jahrzehntelang gelebt hatte.

Geist und Geschichte. Vom Humanismus bis zur Gegenwart.

Srbiks drittes großes Werk setzt sich mit der Geschichtswissenschaft auseinander. Der erste Band kam noch zu Lebzeiten des Autors heraus; er ist »in alter Verehrung« Friedrich Meinecke gewidmet, dem damals fast 90jährigen Doyen der deutschen Historiker.

Die Darstellung beginnt in Italien, dem Geburtsland der modernen Geschichtsschreibung (Guicciardini, Macchiavelli). Srbik weist auf die Bedeutung des Humanismus (Erasmus von Rotterdam) für die weitere Entwicklung hin, die jedoch in der Reformation, als der Glaubenskampf wieder in den Mittelpunkt der Geschichtsbetrachtung rückt, einen Rückschlag erleidet. Dann aber befreit die Aufklärung den abendländischen Geist, was auch der Geschichtswissenschaft zugutekommt (Hume, Gibbon, Voltaire, Montesquieu, Condorcet, Adam Smith, Burke, Lessing, Herder, Möser).

Goethe hatte anfangs kein inneres Verhältnis zur Geschichte. Später änderte er seine Ansicht. Sein Satz »Wer sich nicht von dreitausend Jahren Rechenschaft zu geben weiß, bleibt im Dunkel unerfahren«, zeigt diese Wandlung auf. »Mit der Farbenlehre«, schreibt Srbik, »wurde Goethe zum Wissenschaftshistoriker großen Stils. Die Metamorphose der Pflanze als notwendiger Gang vom ›Wachstum‹ zur ›Vollendung‹ gilt auch für die Universalgeschichte.« Goethe wurde zum Kulturhistoriker, »der Weltgeschichte auf Grund einer generellen Psychologie schreibt, die das Einzelne im Generellen zusammenfassen will bis zum Sichtbarwerden der Urphänomene des Lebens«, und der schließlich erkennt, daß »das eigentliche und tiefste Thema der Weltgeschichte der Kampf zwischen Glauben und Unglauben« sei.

Schiller ist in seiner Geschichtsauffassung während seiner ersten Schaffensperiode stark im gebräuchlichen Klischee befangen: Antike und Renaissance heben sich glanzvoll von der Finsternis des Mittelalters ab. Er tritt für Freiheit und Menschenrechte ein, glaubt an den Aufstieg zum Guten und Schönen. Dieser Glaube zerbricht in der Französischen Revolution. Schillers Kulturoptimismus weicht der Erkenntnis von der großen Tragik der Geschichte. In dieser Zeit innerer Wandlung entsteht seine Wallenstein-Trilogie, »das größte deutsche geschichtliche Drama«.

Der Höhepunkt des Werkes ist das Porträt von Leopold von Ranke. Für Srbik ist Ranke der »Heros« der Geschichtsschreibung, wenn auch nicht der Politik, »weil Ranke kein echtes Verständnis für die revolutionären Kräfte besaß, die nach seiner Auffassung ›die regelmäßige Fortentwicklung der Weltgeschichte unmöglich machen‹«. Ranke ist, wie Srbik schreibt, »der große Deuter der Vergangenheit, nicht aber der Seher politischer Zukunftsentwicklungen. Er schwebte in Höhen des Geistes, zu denen die Not und der Lebenskampf in den Tälern, das Brutale und das Teuflische nicht hinaufreichten.« Dieser »Kolumbus der neueren Geschichte«, wie ihn der britische Historiker Lord Acton nennt, fand in Archiven »geradezu instinktiv das Wichtigste, das er dann in einer meisterhaften Schilderung zu Büchern verarbeitete«. So kam ein umfangreiches Werk zustande, das die Geschichte der wichtigsten Staaten Europas umfaßt. Darunter sind drei Werke besonders zu nennen: »Die römischen Päpste, ihre Kirche und ihr Staat.« Der Gedanke des Zusammenspiels von Religion und Politik, von Idee und Macht durchzieht das Werk. Das Papsttum gilt Ranke als keine im besonderen Sinn »göttliche« Institution, wohl aber als eine »der großartigsten und bewunderungswürdigsten Institutionen, die jemals geschaffen wurden«.

Das zweite herausragende Werk ist »Deutsche Geschichte im Zeitalter der Reformation«. Ranke neigt hier doch sehr stark zur preußischen Seite hin. Er sieht in der Reformation, die eine ganze Periode hindurch als »deutsche Religion« galt, das »Freiwerden Deutschlands« von den kurialen Weltherrschaftsbestrebungen und sah darin »die Rettung der Nation und des Bewußtwerdens des deutschen Geistes«. Das dritte große Werk ist die »Weltgeschichte«, die allerdings ein Torso geblieben ist.

Einige seiner Aussprüche sind zu geflügelten Worten geworden: »Die Geschichtsschreibung soll zeigen, wie es eigentlich gewesen ist.« – »Die Historie hat weder das

Pension zu genehmigen. Wie es seelisch um ihn stand, enthüllt ein Brief, den er an Hans Rothfels schrieb, einen Historiker jüdischer Abstammung, für den sich Srbik in Berlin ohne Erfolg eingesetzt hatte. Rothfels, der in die USA emigriert war, schickte Anfang 1949 Srbik einen Brief und seine Studie »1848 – one hundred years after«. ».... Warum habe ich mich trotz der unvollkommenen, aber doch erkennbaren Symptome einer unmenschlichen und kulturwidrigen Machtentwicklung äußerlich dieser Macht gefügt? Es war nicht der Politiker, sondern der Historiker, der in mir den Ausschlag gab. Der Altreichsdeutsche kannte und kennt im allgemeinen zuwenig die geistig-seelische Gewalt, die auf den historisch denkenden Österreicher die ›tausendjährige‹ bis 1866 währende gesamtdeutsche politische Gemeinschaft und die Tatsache der Jahrhunderte währenden römisch-deutschen Kaiserwürde des Hauses Habsburg geübt hat und übt, seitdem Blindheit und Haß die österreichisch-ungarische Monarchie, den Erben des alten heiligen Reiches, vernichtet hat. Nur wer diese Geistes- und Seelenmacht kennt und würdigt, wird auch meine Haltung verstehen und wird sich hüten, meine ›gesamtdeutsche Geschichtsauffassung‹ und nationalsozialistische Geschichtsanschauung zu verwechseln.
Die Hoffnung lebte in mir, daß Österreich in der erneuerten alten Gemeinschaft ausgleichend, regulierend die törichten Überspannungen des Rassenprinzips und alle Kulturgefahren des ›Systems‹ paralysieren und die Lehren der Vernunft, der Humanität und der Völkergerechtigkeit im wahren Geist der Idee des alten Reiches zum Ausdruck bringen werde. Das war eine Gelehrtenillusion, aber sie entsprang einem reinen Wollen und einer starken Hoffnung.
Es widerstrebt mir, Ihnen darzulegen, wie bald schon 1938 und 1939 die bitterste Enttäuschung an die Stelle der Phantasiegebilde trat und welche Fülle quälender Sorgen

und tiefen Schmerzes meine Seele in wachsendem Maße ergriffen hat. Wieder aber habe ich mich eines Fehlers zu bezichtigen, der freilich allerlei Entschuldigung finden mag, daß ich nicht beim Klarwerden der Erkenntnis den offenen Bruch mit der Partei vollzogen habe. Ich kann nur wahrheitsgemäß erklären, daß ich für Gelehrte, die aus rassischen oder anderen unzureichenden Motiven verfolgt wurden, bis zur Gefährdung der eigenen Existenz eingetreten bin. Daß ich als Präsident der Akademie der Wissenschaften viel Torheit und Unheil abgewendet habe, daß meine Hände rein geblieben sind und daß ich glaube, das Ethos meiner Wissenschaft und die Treue zur Geschichte meiner Heimat nie verletzt zu haben . . .
Aber freilich, ich bin vor dem letzten Schritt, so nahe ich ihm oft war, doch zurückgetreten, weit weniger um meiner Person willen, als um nicht meine Frau und meine Kinder dem Ruin auszusetzen, . . .
Ich bin mit Goerdeler in Fühlung getreten und mit knapper Not dem KZ entronnen. Wie tief mich das namentliche Unglück des deutschen Volkes im Herzen trifft, welche psychischen und materiellen Quälereien ich seit dem Zusammenbruch erlitten habe, davon will ich nicht des Näheren schreiben, genug, daß ich in diesen bitteren Jahren auch nachgedacht und eine Läuterung durchgemacht habe, die für mich von Wert für meinen Lebensrest ist . . .
All dies würde ich Ihnen nicht schreiben, wenn nicht ihr Separatum die Widmung trüge ›In alter Gesinnung‹. Diese Aufschrift gibt mir den Anstoß zu meinen Ausführungen, selbst auf die Gefahr hin, daß ich den Anschein der Verteidigung erwecke. Sie persönlich aufzuklären, ist mein einziger Zweck. Ihnen zu sagen, daß meine Lebenslinie auch von 1938 bis 1945 nicht geändert worden ist, ist mir inneres Bedürfnis.«
Srbik paßte nicht in diese Zeit des Aufruhrs, des Völkermordes, der Massenhysterie. Sein Platz wäre in einer halkyonischen Zeit gewesen, in der er, gleichsam vom Olymp

herab das Leben der Völker hätte betrachten und be-
schreiben können. Sein Mut, den er in der Kriegszeit, in
Lehre und Bekenntnis bewies, war für ihn höchste nervli-
che und seelische Anspannung. Er, der über den Dingen
stehen wollte, wurde gerade deshalb ihr Opfer.
Srbik starb am 16. Februar 1951. Man konnte ihm zwar
nichts vorwerfen, doch man umgab ihn mit Schweigen.
Ein Teil seiner Schüler hielt ihm die Treue, andere, für die
er sich eingesetzt hatte, gingen ihm aus dem Weg. Wäh-
rend es in Berlin für sein Vorbild und seinen Freund eine
Ranke- und eine Meinecke-Straße gibt, hat das offizielle
Österreich seinen größten Historiker vergessen. Auf ihn
paßt das Shakespeare-Zitat, auch wenn es sich auf einen
Kriegshelden bezieht, aber das Schicksal spielt die gleiche
Melodie, ob einer mit dem Schwert oder der Feder ficht:
»Der Held, der schwer erkämpften Lorbeer trug,
Nach tausend Siegen einmal überwunden,
Ist wie gestrichen aus der Ehre Buch,
Sein Tun vergessen und sein Lob verschwunden.«

III.
Emil Jannings

Es war ein kleiner Trauerzug, der sich an einem kalten und stürmischen Jännertag des Jahres 1950 vom Stroblhof zum See bewegte, um den Sarg mit dem toten Jannings dem Boot zu übergeben, das ihn zu der gegenüberliegenden Marktgemeinde St. Wolfgang brachte. Die Trauergäste – unter ihnen befanden sich neben Jannings' Witwe Gussy und deren Tochter Ruth Jannings' bester Freund, der Schauspieler Werner Krauß, und der Dichter Alexander Lernet-Holenia, der ein Haus in St. Wolfgang besaß und zu den ständigen Besuchern des Schauspielers gehörte – erwarteten in St. Wolfgang das Boot mit dem Sarg. Als es ankam, läuteten die Glocken der Kirche, auch hatten sich zahlreiche Menschen eingefunden, von denen ein Teil dem Trauerzug folgte. Der Friedhof von St. Wolfgang ist klein und stimmungsvoll, das Grab, das sich der Künstler selbst ausgesucht hat, liegt an der höchsten Stelle. Von dort blickte man auf den Jannings-Besitz am anderen Ufer hinüber.

Auf den Grabstein sind Goethe-Verse eingemeißelt:
»Alles geben die Götter, die unendlichen,
ihren Lieblingen ganz:
Alle Freuden, die unendlichen,
alle Schmerzen, die unendlichen, ganz.«
Sie treffen auf Emil Jannings zu.

Der Künstler starb an Leberkrebs. Es war bedrückend, wie dieser kräftige Mann körperlich verfiel und gegen Ende zu hilflos wie ein Kind wurde. Vor seinem Tod besuchte ihn, der schon bettlägerig war, Werner Krauß; ich wohnte

Tätigkeit bei den »Salzburger Nachrichten« geläufig –, wir begannen ein Gespräch, das nach kurzer Zeit unterbrochen wurde. Die Treppe herunter kam Gussy. Eine faszinierende Erscheinung – groß, schlank, mit schönen langen Beinen. Obwohl sie die Fünfzig überschritten hatte, war ihr Gesicht faltenlos und von einem aparten Reiz.

Nach der Begrüßung begaben wir uns in die anschließende Bibliothek. Jannings setzte sich in einen ledernen Lehnstuhl mit dem Rücken zum Schreibtisch. Gussy machte es sich auf einem Diwan bequem und kuschelte sich in ein Tigerfell. Jannings bestimmte die Unterhaltung; er erzählte ein Erlebnis oder eine Anekdote, langsam und jeden Satz auskostend. Ehe er jedoch zur Pointe kam, warf Gussy die Decke zurück, sprang auf, als ob sie es nicht mehr aushielte, und sprudelte die Pointe heraus. Nun aber kam das Besondere. Jannings ließ sie ausreden und erzählte die Geschichte zu Ende. Und eigenartig, obwohl man die Pointe durch Gussys Dazwischentreten kannte, hörte man ihm genußvoll bis zum Ende zu.

Das Abendessen nahmen wir im anschließenden Speisezimmer ein, das mit barocken Bauernmöbel eingerichtet war. Das Essen war einfach, aber köstlich gewürzt; die Kräuter und das Gemüse stammten aus dem eigenen Garten. Zu trinken gab es Wein. Das Gespräch erstreckte sich bis in die Nacht hinein, und dann ruderte uns Franz wieder über den dunklen See, über dem die Sterne glänzten, ans andere Ufer zum »Weißen Rößl«.

Fast jeden zweiten Nachmittag unseres zweiwöchigen Urlaubes in St. Wolfgang holte uns Franz vom Hotel ab und ruderte uns in der Nacht wieder zurück. Die Jannings und wir schlossen bald Freundschaft und verwendeten das vertrauliche Du als Anrede. In den letzten Jahren seines Lebens verbrachten wir fast jedes zweite Wochenende in seinem Haus.

Der Schauspieler lebte nach dem Ende des Krieges zurückgezogen und empfing nicht viele Besuche. Die Erlebnisse gegen Ende des Dritten Reiches und die Verfemung, die ihm nach dem Krieg widerfuhr, hatten ihn mißtrauisch und scheu gemacht. So stark und selbstsicher Jannings in seinem Auftreten wirkte, so überaus verletzlich war er in seinem Inneren. Er sprach nur selten über seine Auseinandersetzungen mit Reichspropagandaminister Goebbels, dem das Filmwesen im Dritten Reich unterstand. Ebensowenig äußerte er sich über seine menschlichen Enttäuschungen. Er las viel und beschäftigte sich mit der einen oder anderen Rolle – vor allem hatte es ihm Shakespeares Falstaff angetan. Die Bühne freilich hat er nicht mehr betreten, trotz aller lockenden Angebote. Im Grunde war der alternde Schauspieler bereits zu müde, um ernstlich an ein Wiederauftreten, sei es auf der Bühne, sei es im Film, zu denken. Er hatte Pläne, besaß aber nicht mehr die Kraft etwa seines Freundes Werner Krauß, die heftigen Angriffe, denen er ausgesetzt war, durchzustehen. Gegen den Vorwurf, er sei Nutznießer des Naziregimes gewesen, bäumte er sich auf und schickte 1948 dem Vizepräsidenten des Salzburger Gewerkschaftsbundes, dem Schauspieler Guido Faidiga, ein Schreiben mit der Bitte, es an den zuständigen Ausschuß des Gewerkschaftsbundes weiterzuleiten. Das Schreiben enthält die Gagen, die Jannings seit Beginn seiner großen Filmkarriere bezogen hatte. Diesem Schreiben fügte Jannings zwei Erklärungen bei, eine vom Schauspieler und Regisseur Wolfgang Liebeneiner und eine des Filmarchitekten Robert Herlth.

In dem Brief an Faidiga heißt es: »In meinem Schreiben vom 15. März dieses Jahres protestierte ich auf das entschiedenste gegen den Vorwurf, ich sei Nutznießer des Naziregimes gewesen. Das Gegenteil war der Fall, und nachstehende Ziffern dürften Sie und die Mitglieder des Exekutivausschusses vielleicht interessieren.

Zur Zeit der Inflation 1920 bis 1921 bezog ich bei der in Berlin produzierenden Firma ›Paramount‹ ein Jahreseinkommen von 52 000 Golddollar.

verein von Bürgstein 30 Jahre später eine Gedenktafel anbringen lassen mit dem Text: »In diesem Haus begann Emil Jannings im Jahre 1901 seine Künstlerlaufbahn.«
Nach Bürgstein begannen die Wanderjahre. Gefahren wurde nur 4. Klasse Eisenbahn. Das erste große Theater, das eine annehmbare Gage zahlte, war Glogau, wo als Direktor »Ludwig der Eiserne« herrschte. Er war streng, ja sogar brutal und ungeheuer eigensinnig. Er besaß eine riesige Dogge, die auf das Wort »Vorschuß« trainiert war und den Schauspieler, der darum bat, ansprang und die Zähne fletschte. Er engagierte für jedes Fach zwei Leute, der schlechtere erhielt nach vier Wochen den Laufpaß. Darüber schreibt Jannings: »Der Zustand der Unsicherheit, der aus dem Verhalten der Direktoren resultierte, war zweifellos unsozial, bewirkte jedoch eine ungemein scharfe Auslese. Für den jungen Schauspieler gab es keine Beschaulichkeit, kein Ausruhen und kein Sich-gehen-Lassen! Wer nicht über das nötige Pulver verfügte, kam unweigerlich unter die Räder.«
Im Stadttheater Nürnberg, der letzten Station seiner siebenjährigen Wanderschaft, lernte Jannings seinen späteren Freund Werner Krauß kennen. Über ihn schreibt Jannings:
»Krauß war damals ein junger Mann mit recht entschiedenem Auftreten, einem ausdrucksvollen Gesicht und lebendigen Augen. Als ich ihn zum erstenmal hörte, fiel mir die Intensität seiner Sprache und die unterdrückte Leidenschaft auf, die aus jeder seiner Bewegungen sprach. Staunend erlebte ich, wie sich alte, längst zu Klischees erstarrte Rollen unter seinen Händen veränderten, ein neues Gesicht erhielten und von tausend phantastischen Lichtern umspielt wurden, die aus dem Inneren dieses merkwürdigen Menschen hervorbrachen. Er war ein Fanatiker des Komödienspielens, und das führte uns zusammen.«
Zwischen beiden entwickelte sich eine tiefe Freundschaft.

Krauß bekam ein Angebot von Max Reinhardt an das »Deutsche Theater« in Berlin. Beim Abschied versprachen sie einander, den anderen nicht zu vergessen. Beide haben Wort gehalten. Jannings nahm ihn als Gegenspieler in viele große Filme, Krauß aber war der erste, der sein Versprechen wahrmachen konnte. Als man im »Deutschen Theater« darüber sprach, daß es nur wenig guten Nachwuchs gäbe, erklärte Krauß: »Ich kenne einen tollen Kerl! Er steckt in Nürnberg, ist ein Monstrum an Kraft und Wildheit – aber eine Persönlichkeit.« – »Von wem sprechen Sie, Herr Krauß?« fragte Felix Hollaender, Reinhardts Co-Direktor. »Von wem? – von meinem Freund Emil Jannings!« entgegnete Krauß. Einen Tag später erhielt Jannings ein Telegramm: »Stellen Sie sich im ›Deutschen Theater‹ vor!«

Als Jannings in das Büro, das »Heiligtum« Max Reinhardts, geführt wurde, fragte ihn einer der anwesenden Herren: »Können Sie uns etwas vorsprechen?« – »Nein«, antwortete Jannings. Nichts erschien ihm im Augenblick sinnloser, als eine Rolle ohne Partner und ohne Bühnenatmosphäre aufzusagen. »Zunächst entstand ein betretenes Schweigen, denn eine solche Antwort war man beim ›Napoleon des Theaters‹ nicht gewohnt. Doch dann redeten mehrere Personen derart auf mich ein, daß ich mein eigenes Wort nicht verstand. Mir riß die Geduld, und ich legte urplötzlich mit dem Mephisto los ... Pause, Geflüster, nochmals Geflüster – Felix Hollaender wandte sich mit glühendem Gesicht an mich. Er sagte kurz: ›Sie sind engagiert!‹«

Als ihm Edmund Reinhardt, der Bruder von Max, den Vertrag zur Unterschrift übergab, bäumte sich Jannings auf. Die Gage betrug die Hälfte der Gage, die er in der Provinz verdiente. »Für diese Gage unterschreibe ich nicht.« Edmund entgegnete: »Schade! Ich hatte gedacht, daß Sie die großen Möglichkeiten, die Ihnen Berlin bietet, nicht außer acht lassen wollen. Denken Sie nicht an den Film?« – »Was

»beleidigte und indignierte Gesichter«. Er spielte den Adam in Kleists »Zerbrochenem Krug«, und die Rolle bot ihm »nur wenig Gelegenheit, meine gute Erziehung zu zeigen. Aber es machte mir auch Spaß, ein bißchen frische Luft in diese abgeklärte Welt zu blasen. Und siehe da, nach der ersten, zwar reichlich turbulenten Probe, war der Hofton wie fortgeweht. Mit mir spielten eben wirkliche Schauspieler, die nur auf das richtige Stichwort gewartet hatten.«

Einen großen Erfolg am Berliner Theater errang Jannings als Wehrhan in Gerhart Hauptmanns »Biberpelz«. Bis zu seiner Interpretation war das Vorbild für diese Rolle Oscar Sauer, »der eine wunderbar geschlossene Gestalt von höchst durchdachter Wirkung geschaffen hatte. Ich mußte den Wehrhan aber anders sehen, weil ich anders bin! Vor mir stand nicht eine Figur aus verflossenen Simplizissimus-Zeiten mit ständigem ›Äh! Äh!‹ und einem Monokel im Auge, sondern ein derber, gutmütige Landjunker, der in seiner natürlichen Borniertheit den Gaunereien der ›Mutter Wolfen‹ nebst Anhang nicht gewachsen ist. Meine Auffassung war also das Gegenteil der üblichen Meinung und doch – das Publikum ging mit.«

Nach der Premiere kam Gerhart Hauptmann zu Jannings und sagte: »So habe ich mir den Wehrhan vorgestellt! Genau so, wie Sie ihn gespielt haben.«

Abschließend schreibt Jannings über seine Berliner Theaterzeit: »Meine Erfolge in Berlin hatten das Gute, das sie mich unabhängig machten. Ich konnte mir persönlich aussuchen, welche Rollen ich sprechen wollte, und war sicher, ein Publikum zu haben, das sie sich ansehen würde. Mein Weg stand also klar vor mir, doch jäh nahm er eine unerwartete Wendung. Ich lernte den Film kennen.«

Nach Ende des Krieges begann der Film langsam Boden zu gewinnen. Jannings, der sein Glück damit versuchen wollte, hatte zunächst wie zu Beginn seiner Theaterlaufbahn Mißerfolg. Er stellte sich bei Harry Piel vor, der eine

Filmfirma leitete. Dessen erste Frage lautete: »Guter Sportsmann?« Jannings antwortete: »Ich glaube ja!« Darauf Piel: »Ihre Figur ist richtig. Sie sind engagiert. Drei Spieltage, 15 Mark täglich!« Jannings: »Darf ich um die Rolle bitten!« Piel: »Rolle? – Was wollen Sie denn für eine Rolle haben? Sie müssen übermorgen um 9 Uhr an der Weidendammer-Brücke sein. Alles andere findet sich dann!« Als ihn Jannings erstaunt ansah, fuhr Piel fort: »Die Sache ist außerordentlich einfach, Herr Jannings. Sie springen von der Brücke auf den Dampfer, der gerade vorbeifährt, und vom Dampfer hüpfen Sie weiter ins Wasser. In diesem Moment springe ich Ihnen nach. Es gibt einen Kampf, und fertig ist die Laube!« – »Was soll ich tun?« rief Jannings empört: »Ich soll ins Wasser springen? – und mich herumbalgen? – den Teufel werde ich tun, mein Herr!«, sprach's und empfahl sich.

Alle Filme, die Jannings in der nächsten Zeit spielte, waren Gelegenheitsarbeiten. Von Kunst sprach beim Film noch kein Mensch. »Das Motto hieß: Schnell, schnell! Am Vormittag mußte im Atelier und am Nachmittag irgendwo im Grünen gefilmt werden, und wenn die ganze Geschichte mehr als 450 Mark kostete, gab es in der Direktion einen furchtbaren Krach!«

Die Bekanntschaft mit dem Filmproduzenten und Regisseur Oscar Messter bedeutete in Jannings Filmschaffen eine Zäsur. Messter arbeitete mit »Effektlampen«. Als Jannings am nächsten Tag seine Aufnahmen sah, war er entsetzt. Er hatte sich manchmal zu langsam, dann wieder zu schnell bewegt, hatte Grimassen geschnitten und zeitweilig dem Publikum ohne jeden Grund den Rücken zugedreht. Er schreibt: »Alles sah so übertrieben, so unaussprechlich gewollt aus, daß ich wahrlich Grund genug hatte, unglücklich zu werden ... Ahnungslos hatte ich mich in eine Sache eingelassen, von der ich nichts verstand, und es war mir nicht einmal eingefallen, darüber nachzudenken, ob Bühne und Film überhaupt das gleiche

lungen auf der Bühne ausgehalten hat. Auch dieser Film lief überall in Europa und monatelang am Broadway unter dem Titel »Deception«. Der englische Autor Thomas Hakkett schrieb, er sei durch Jannings' Darstellung im Film zu seinem Roman über Heinrich VIII. angeregt worden, und widmete ihm das Buch. Das Neue in Jannings' Darstellung war, daß er die Sphäre des stummen Films durchbrach und unbewußt schon das Wesen des Tonfilms hineinbrachte. Während alle anderen Schauspieler still agierten, redete Jannings und lockerte so unwillkürlich das Starre, das dem Stummfilm eigen war.

Nach seiner Rolle als Heinrich VIII. setzte ein Run auf den Schauspieler ein. Er spielte den »Danton« und den »Othello« mit Werner Krauß als Marat und Jago. Beide Filme wurden große Publikumserfolge. Durch die Filme »Madame Dubarry« und »Anna Boleyn« waren die Amerikaner auf Jannings aufmerksam geworden, und die Paramount, die in Berlin eine Filiale, die EFA, gegründet hatte, engagierte den Künstler. Zwei Filme wurden mit Jannings gedreht: »Peter der Große« und »Das Weib des Pharao«. Beide Filme blieben unter den Erwartungen. Die Paramount in Berlin wurde aufgelöst, und Jannings erhielt ein großzügiges Angebot, nach Hollywood zu kommen, doch er mußte aus vertraglichen Gründen und wegen seiner Hochzeit mit Gussy Holl absagen.

Zu Jannings damaligen vertraglichen Verpflichtungen gehörte auch der italienische Film »Quo vadis«. Der Künstler spielte Nero als genußsüchtigen, zynischen, von der Macht übersättigten Menschen. Mehr als der Film sorgte eine Episode während der Filmaufnahmen in Rom für Aufregung. Jannings schildert den Vorfall:

»Es war in der Szene, in der ich auf einem Diwan lag. Um mich herum standen die Großen des Reiches sowie weihrauchschwingende Mädchen und riesige Neger, die mir mit Straußfederfächern Kühlung zuwedelten. Nachlässig spielte ich mit ein paar jungen Löwen, die sich reizend täp-

pisch benahmen, während vor mir einige Christen ange-
zündet wurden. Alles ging soweit in Ordnung, da bekam
der Regisseur Jacoby einen Einfall, von dem er mir vor-
sorglich nichts erzählt hatte. Ihm gefiel meine Spielerei
mit den jungen Löwen so gut, daß er auf den Gedanken
kam, einen großen Löwen herbeikommen zu lassen, der
sich gehorsam zu meinen Füßen niederlegen sollte ... Ich
beäugte gerade gelangweilt durch meinen Smaragd die
brennenden Christen, als ich in der grellen Sonne plötzlich einen Schatten sah. Ich blinzelte einen Moment, dann
erkannte ich einen riesigen Löwen, der auf mich zulief.
Meine Neger schrieen auf, warfen die Straußenfedern fort
und verschwanden wie der Blitz. Mit einem Ruck war ich
vom Diwan herunter, stolperte über das Podest, schlug
mein Schienbein auf, und in der nächsten Sekunde sprang
die Löwin auf mein Ruhepolster und sah sich mißtrauisch
um. Ich erfuhr später, daß es die Mutter der jungen Tiere
war, die man mir zum Spielen gegeben hatte.«
Nach diesem Erlebnis erkundigte sich Jannings, wie hoch
Löwen springen können; sechs bis sieben Meter, war die
Antwort. Daraufhin ging Jannings in den Circus Maximus
und maß ab, wie hoch seine Loge über der Arena lag. Es
waren genau vier Meter. Nun erklärte er dem Regisseur,
daß er bei der vorgesehenen Szene nicht dabei sein werde.
Man mußte ein Double beschaffen. Dieses saß als Kaiser
Nero neben dem Philosophen Seneca in der Loge, und es
geschah, was Jannings befürchtet hatte. Im kritischen
Augenblick setzte die schwer gereizte Löwin zum Sprung
an, überwand die Höhe, packte den Darsteller des Seneca
und zerrte ihn über die Rampe. »Als die Dompteure hinzukamen, war es schon zu spät. Im Sand lag der blutende
und zerfetzte Leichnam des unglücklichen Statisten.«
Nach Berlin zurückgekehrt, spielte Jannings noch einige
Filmrollen, darunter den Mephisto im »Faust«, den »Tar-
tuffe« in dem Molière-Stück und »Der letzte Mann«. »In
diesem Film«, erzählt Jannings, »war die Beschränkung

auf das rein Schauspielerisch-Optische so groß, daß man die Handlung in einem Satz ausdrücken könnte: Ein Portier geht zugrunde, weil man ihm seine goldstrotzende Uniform auszieht.« Man rühmte diesem Film nach, daß er viele Menschen ins Kino lockte, die früher wenig Neigung für den Film gezeigt hatten. Im »Realto« am Broadway lief der Film monatelang vor ausverkauftem Haus, obwohl er keinen Begleittext hatte, wie sonst im Stummfilm üblich. Jannings erzählt über den Film: »Wohl selten ist so viel über einen Film gesprochen worden wie über diesen. Die Witzblätter nahmen sich seiner an, in den Kabaretts wurde er parodiert, und sicher wurde über ihn mehr Tinte verspritzt als über alle meine anderen Filme zusammen.« Einen Sensationserfolg erreichte auch der Film »Varieté«, der ein Jahr lang in den Filmpalästen am Broadway gespielt wurde.

Nach all diesen Erfolgen wollte Amerika Jannings unbedingt nach Hollywood locken. Der Künstler zögerte; er sprach kein Englisch; auch wollte er sich von Menschen, die ihm nahestanden, nicht trennen. Dazu kam noch die Furcht, daß er nach den Erfahrungen seiner Zusammenarbeit mit der Paramount in Berlin in den USA nicht die Voraussetzungen finden würde, die er für seine Arbeit als unerläßlich ansah. Er dachte sich immer neue Forderungen aus, doch die Paramount erfüllte sie. Die Konditionen waren: Freie Reise für Jannings, seine Frau und deren Tochter, für den Diener und die Mamsell. Im ersten Jahr ein Wochengehalt von 4 000, im zweiten 5 000 und im dritten 6 000 Dollar. Zum Erfolg Emil Jannings im Mutterland des Films ist zu bemerken, daß der Stummfilm viel internationaler war, als es der Tonfilm, allen Synchronisationen zum Trotz, je werden wird. Beim Stummfilm kam es einzig und allein auf die Strahlkraft des Schauspielers an; aus welchem Land er stammte, war nicht wichtig. Ein zweites wesentliches Moment war, daß Jannings wahrscheinlich der erste renommierte und international anerkannte Bühnenschauspieler war, der sich ernsthaft dem neuen Medium widmete. Nicht von ungefähr hat er als erster Schauspieler den »Oscar« empfangen.

Für die Film-Moguln Hollywoods war Jannings eine Investition, die sich bezahlt machen mußte. Also wurde er nach bester amerikanischer Tradition vermarktet. Die Werbetrommel wurde gerührt wie bei der Einführung eines neuen Markenartikels – und als solcher sollte sich Jannings ja auch in kürzester Zeit herausstellen. Die Erwartungen waren hochgespannt, als sich der Künstler mit seinem Troß auf dem HAPAG-Schnelldampfer »Albert Ballin« einschiffte.

Zwei Tage vor der Ankunft erhielt Jannings von der Paramount ein Telegramm: »Veranlaßt Kapitän Wiehr unter allen Umständen schneller als bisher zu fahren, da sonst die Königin von Rumänien mit der ›Berengaria‹ früher als ihr ankommt. Kosten spielen keine Rolle.«

Als sich die »Albert Ballin« dem Ufer näherte, löste sich von diesem ein Heer von Journalisten, die sich in Barkassen zum Schiff steuern ließen. Auf ihre Frage »How do you like America?« bekam Jannings einen roten Kopf. Er hatte sich zwar vorgenommen zu antworten »I am hypnotized«, doch nun war es ihm zu dumm, das Eingebleute nachzuplappern. Er suchte alle seine englischen Brocken zusammen und antwortete: »Foggy, very foggy, I must see first.« Produzent Erich Pommer, der gleichfalls auf das Schiff gekommen war, trat ihm auf dem Fuß, weil die Antwort gegen alle Regeln war. Aber die Journalisten strahlten: »Endlich jemand, der etwas anderes sagt.«

Das Ufer war schwarz von Menschen, und von allen Seiten streckten sich dem Künstler Hände entgegen. »Wohin ich sah, blickten mich lachende Gesichter an ... Als ich den Empfang überstanden hatte, kam ich mir wie durch den Wolf gedreht vor.« Die Headlines der Zeitungen lauteten: »Willkommen, Königin von Rumänien, Willkommen, Emil Jannings, König der dramatischen Schauspieler!« Die

wenigstens eine neue Lebensmöglichkeit zu finden hofften, gab ihm den Gedanken für den Film »Der letzte Befehl« ein, bei dem Josef von Sternberg Regie führte. Auf den Filmstoff war Jannings gekommen, als im Aufnahmegelände Vorbereitungen für einen Cowboyfilm getroffen wurden. Jannings erzählt:

»Die Reiter vollführten halsbrecherische Kunststücke. In der Masse dieser Statisten saßen zwei Männer steif auf ihren Pferden und sahen mit unbeweglichen Gesichtern dem Treiben zu. Ein Hilfsregisseur überschüttete die beiden mit einer Flut von Schimpfworten und dirigierte sie an einen anderen Platz.« Jannings erkundigte sich, wer die beiden Reiter wären und erhielt die Auskunft: »Der ehemalige Erzherzog Leopold Salvator und sein Adjutant. Sie wollen sich ein paar Dollars verdienen.«

Besondere Freude machte es Jannings, mit Ernst Lubitsch wieder zusammenarbeiten zu können. In dem Film »Der Patriot«, nach Alfred Neumanns Erzählung, spielte Jannings den Zaren Paul I., der zur Zeit Friedrichs des Großen regierte. Es wurde in New York ein großer Kassenerfolg. In der Provinz dagegen vermochte sich dieser Film nicht durchzusetzen, obwohl Jannings den wahnsinnigen Zaren mit all seiner Meisterschaft gespielt hatte. Nach Meinung des Künstlers war es der europäischeste Film, der bis dahin in Amerika gedreht wurde. Auch hielt er die Rolle des Zaren für seine größte schauspielerische Leistung in Amerika.

Jannings drehte in Hollywood noch drei weitere Filme: »The Street of Sin« (Regie Mauritz Stiller), »Sins of the Father« (Regie: Ludwig Berger) und »Betrayal« (Regie: Lewis Milestone), lauter erfolgreiche Filme, auch finanziell, doch ohne den Glanz der drei anderen.

1927 kamen in Amerika die ersten Tonfilme auf. Jannings erkannte, daß die junge Unterhaltungsindustrie (von Filmkunst konnte nur mit Einschränkungen gesprochen werden) vor einer entscheidenden Wende stand, ebenso die

eigene darstellerische Laufbahn. Im Tonfilm sah er, der die im Stummfilm üblichen Zwischentitel als Hilfsmittel immer schon abgelehnt hatte, weil sie das Publikum zu »Geistesträgheit« erzogen, die ganz große Zukunft. Schon im Stummfilm war er gewohnt gewesen, bei der Aufnahme nicht still zu agieren, sondern zu sprechen und als einziger sogar zu schreien. Die Frage trat an ihn heran: Sollte er für ein Jahr etwa nach New York übersiedeln, um sich in der Beherrschung der englischen Sprache so zu vervollkommnen, daß er im amerikanischen Tonfilm mit den heimischen Schauspielern konkurrieren konnte? Sollte er überhaupt seinen Vertrag, wie ihm angeboten wurde, verlängern? Die Paramount hatte bereits das erste Manuskript für einen Tonfilm mit Jannings fertig. Es war »Das Konzert« von Hermann Bahr. Man prophezeite dem Schauspieler einen ungeheuren Erfolg. Doch Jannings konnte sich nicht zum Bleiben entschließen. Alle die Jahre hindurch hatte er Heimweh nach Deutschland gehabt, nun drängte es ihn, zurückzukehren. Amerika hatte ihm alles geboten, was es zu bieten hatte. Jannings war für vieles dankbar, was er hier hatte lernen dürfen. Aber nun galten seine Ambitionen dem deutschen Film.
Das Gerücht von der Abreise des Weltstars sprach sich bald herum. Keiner wollte es glauben; jeder redete ihm zu, zu bleiben: »Wo kannst du besser leben, Emil? – Wo so viel Geld verdienen? Nirgends! Nirgendwo auf der Welt!« Er wußte es, doch er ließ sich nicht umstimmen. In Hollywood und in New York fanden Abschiedsfeiern statt, herzlicher noch als die, mit denen das Künstlerehepaar vor Jahren empfangen worden war. Die Zeitungen überboten einander mit seitenlangen Artikeln und Berichten über den scheidenden »größten und liebenswürdigsten Künstler der Welt«. Die Amerikaner behielten auch weiterhin den Künstler in gutem Gedächtnis, obwohl man in den USA nur einen einzigen seiner in Europa gedrehten großen Filme in englischer Sprache zu sehen bekam – den

»Blauen Engel« mit Marlene Dietrich. Bei einer Umfrage nach dem Zweiten Weltkrieg wurde Jannings an die vierte Stelle unter allen Schauspielern gereiht.

Bei der Abreise von Hollywood war der Bahnhof wieder voll. Wer sich von den Kollegen freimachen konnte, war gekommen. Greta Garbo hatte sich schon am Vormittag in der Wohnung des Künstlers verabschiedet. Jannings schildert die Abreise:

»Der Zug fuhr langsam an ... Da sah ich plötzlich eine weibliche Gestalt, die mit einem Strauß roter Rosen keuchend neben dem Zug herlief. Es war die Garbo. Mit klagender Stimme rief sie: ›Ich habe auf dem falschen Bahnsteig gewartet.‹ Und dann: ›Daß ihr auch noch wegfahrt! Nun bin ich ganz allein.‹ Mit einer jähen Bewegung riß sie sich ihre Kette vom Hals und warf sie in unser Abteil. Die roten Rosen hielt sie fest im Arm.« Ruth hielt diese Kette bis zu ihrem Tod in Ehren.

Am 14. Mai 1929 landeten Jannings und die Seinen in Cuxhaven. Am Kai wartete eine riesige Menschenmenge. Als der Künstler die Landungsbrücke überquert hatte, wurde er in die Mitte genommen und hochgehoben und mußte Hunderte von Händen schütteln. »Der folgende Empfang in Berlin«, schreibt der Künstler, »hat mich tiefer gerührt, als ich es zeigen konnte. Die vertraute Stadt, die bekannten Straßen und Häuser, die alten Freunde.«

Jannings erzählt weiter: »Die ersten Tage in Berlin wurden wunderschön, doch überkam mich bald ein sonderbares Gefühl. War ich anders geworden, oder hatten sich die anderen verändert? Je mehr ich sah und mich mit Bekannten unterhielt, um so fremder kam mir alles vor.«

Nachdem sich Jannings in Deutschland akklimatisiert, seine Enttäuschung über die schlimmen Zustände überwunden und in Badgastein erholt hatte, fühlte er Lust, wieder Theater zu spielen, und nahm deshalb das Angebot seines Freundes Dr. Rudolf Beer an, in Wien am »Deutschen Volkstheater« als Lechat in dem Erfolgsstück

»Geschäft ist Geschäft« des Franzosen Octave Mirbeau aufzutreten. Jannings schreibt darüber:
»Es war das erste Mal, daß ich die österreichische Hauptstadt aufsuchte, der ich von nun an jedes Jahr meine Aufwartung machte. Ich fühlte mich unsagbar wohl in dieser Stadt, und Wien und die Wiener trugen wesentlich dazu bei, daß ich Österreich zu meiner Wahlheimat auserkor.«
Schon bei seiner Ankunft in Wien, wo sich im und vor dem Bahnhof an die 20 000 Menschen versammelt hatten, schlug ihm ein Sturm der Begeisterung entgegen. Man riß ihm Hut und Mantel vom Leibe und die Krawatte vom Hals, um sie als Souvenir heimzutragen. Man zerrte ihn von den Schultern der Freunde, so daß er stürzte; fast wäre er vor lauter Begeisterung und Liebe zertreten worden, die ersten Proben mußte er in Filzpatschen absolvieren. Der Arzt hatte Hämatome und schwere Prellungen konstatiert. Eine Wiener Zeitung machte den Reim dazu: »Wem noch nie ein Knochen vom Publikum jubelnd war zerbrochen, der weiß noch nichts von Ruhm.«
In der Kritik hieß es: »Jannings spielt einen Parvenü, Neureichen, Raffke und Schieber. Er übersteigert ins grotesk Komische und ins grotesk Tragische. Er kann die Figur durch den Reichtum seiner schauspielerischen Mittel ergänzen, zu Fleisch und Blut werden lassen, was bei Mirbeau dürre Konstruktionen waren. Er bewirkt dieses halbe Wunder durch seinen überlegenen Humor, durch seine vollsaftige künstlerische Persönlichkeit, die über die Vorlage hinauswächst.«
Danach ging Jannings mit dem Stück »Geschäft ist Geschäft« auf Europatournee. Er schreibt darüber: »Ein paar Stationen sind mir besonders in Erinnerung geblieben, vor allem ein Gastspiel in Brüssel! Es beleuchtete blitzartig den Zustand, in dem sich Deutschland befand. Es war das erste Mal nach dem Krieg, daß ein deutscher Schauspieler es wagen wollte, in Belgien aufzutreten. Man wies mich ausdrücklich auf die Tatsache hin, aber ich konnte nicht

einsehen, daß mein Auftreten ein Wagnis sein sollte. Dazu hatte ich zu lange in Amerika gelebt.«

Der deutsche Gesandte in Brüssel warnte ihn: »Sie müssen mit unangenehmen Krawallen rechnen. Die Stimmung ist sehr schlecht!«

Am Premierenabend war das Theater von der Polizei umstellt und abgesperrt. Man befürchtete Ausschreitungen. Als Jannings das Theater betrat, schrie eine Frau in der Menge: »Les boches ont tué mon fils!«

Etwas aufgeregt war er schon, als er die Bühne betrat: »Wilder Lärm schlug mir entgegen, doch in anderer Form, als man befürchtet hatte. Die Leute klatschen wie toll. Minutenlang applaudierten sie, ehe ich mit dem Spiel beginnen konnte. Und bei jeder Pointe setzte der Beifall erneut und immer stärker ein. Die Atmosphäre entzündete mich, und ich spielte den Lechat in einer pariserischen Art wie nie zuvor. Zum Schluß ließ mich das Publikum einfach nicht von der Bühne herunter.«

Bald darauf begann endlich auch die Arbeit, auf die sich Jannings gefreut hatte, als er von Hollywood Abschied genommen, die Dreharbeit für den ersten großen deutschen Tonfilm, der die Welt erobern sollte: »Der Blaue Engel«. Heinrich Manns Roman »Professor Unrat« wurde in den Ateliers der UFA in Neu-Babelsberg bei Berlin verfilmt. Jannings schreibt darüber:

»Eine gewisse Schwierigkeit sah ich nur in der Besetzung der weiblichen Hauptrolle. Wo war in Deutschland eine Frau, der man glauben konnte, ein erotisches Erdbeben zu verursachen, das einen vertrockneten Stubenhocker völlig durcheinanderschüttelt? Wir ließen uns etwa zwanzig Schauspielerinnen mit meist schon bekannten Namen kommen. Bei keiner gewann ich den Eindruck, daß sie mich erheblich aus der Ruhe bringen könnte, wie viel weniger also diesen Kerl, diesen Unrat, den ich leibhaftig vor mir sah. Da erinnerte ich mich an eine junge, fast unbekannte Schauspielerin, die in der Revue ›Zwei Krawatten‹

133

auftrat und mich mit seltsam verschleiertem Blick angesehen hatte, als ich sie ansprach. Sie war großartig gewachsen und hatte jenes unbeschreibliche Timbre in der Stimme, das dem Mann auf die Nerven geht. Ich führte Josef von Sternberg, der Regie führte und für den Film eigens nach Deutschland gekommen war, sowie Erich Pommer in die Revue, und beide gaben mir Recht. Es wurde ihr erster Welterfolg.«

Über Marlene Dietrich als »Lola«, deren Chanson »Ich bin von Kopf bis Fuß auf Liebe eingestellt« bald so bekannt und berühmt war wie die Schlankheit ihrer wohlgeformten Beine, schrieb nach der Premiere des Films im Apollo-Kino Friedrich Porges im »Tag«: »Die Dietrich ist Jannings fast ebenbürtig, und das will was heißen, wenn man bedenkt, daß Jannings nach seinem Amerikaaufenthalt fast konkurrenzlos ist.« Und über Jannings schreibt die »Wiener Allgemeine Zeitung«: »Man könnte in der Tat auch sagen, daß Jannings mit seinem unvergleichlichen Genie wuchtiger Kindheit einen lebenden Leichnam spielt. Vom seltsamen Zauber des Verfalls und der Versunkenheit umwittert, ist Jannings am größten in stummen Augenblicken sozusagen reglosen Zusammenbruches. Diese Menschen von Gnaden des psychologischen Schnellphotographen Emil Jannings sind daher immer leise lächerlich, bevor sie tragisch werden, banal in sich verliebt, vergnüglich gebläht. Um so erschütternder ist dann der Absturz, die Entgleisung, der Sprung ins Bodenlose ... Wie aus der stupiden Steifheit eines wohlbeamteten Lächelns plötzlich steinerne Maske wird, aus der Gram und Grauen dröhnen.«

In den Jahren 1931 und 1932 spielte Jannings noch zweimal im »Deutschen Volkstheater« in Wien; 1931 die Titelrolle in Gerhart Hauptmanns »Fuhrmann Henschel«. Das Publikum feierte ihn wieder enthusiastisch, die Kritiken überschlugen sich.

Alfred Grünwald im »Neuen Wiener Journal« nennt Jan-

Dank ein Teil dieser großen Persönlichkeiten in die Zukunft retten.«

In der Zeit von 1929 bis zur Machtergreifung durch Adolf Hitler 1933 spielte Jannings nur in drei Filmen, von denen keiner ein »Jannings-Film« im eigentlichen Sinne wurde, da eben das Theater den Künstler zu stark in Anspruch nahm. In »Liebling der Götter«, einem Sängerfilm, hatte er die frühverstorbene Renate Müller als Partnerin; Hans Moser feierte in diesem Film sein Debüt. Unter der Regie Siodmaks drehte er dann mit Anna Sten als Partnerin den Film »Stürme der Leidenschaft«; ferner wurde in Paris und an der Riviera der Film »Le Roi Pausole« gedreht. Dies waren Filme, die das Schauspieler-Genie Jannings nur zum Teil erahnen lassen.

Inzwischen hatte Adolf Hitler in Deutschland die Macht übernommen. Ein Abend bei Max Reinhardt, dessen Inszenierung des »Großen Welttheaters« in Berlin weiterlief – noch nahm man auf das Ausland Rücksicht –, vereinigte eine Anzahl später »untragbarer« Künstler, Schriftsteller und Journalisten. Auch Jannings war dabei. Alle wußten, daß es ein Abschiedsabend war. Kurz darauf begab sich Jannings auf seinen Landsitz am Wolfgangsee, der von nun an sein ständiger Aufenthaltsort bleiben sollte.

Erst nach einem Jahr kam er mit Heinz Hilpert überein, in dessen »Berliner Volksbühne« Kleists »Zerbrochenen Krug« zu spielen. Gleichzeitig mit dieser Verpflichtung übernahm er die Hauptrolle in dem Film »Zum Schwarzen Walfisch«. Dieser Filmstoff, den er von Willy Wolf und Ellen Richter erhalten hatte, schien Großes zu versprechen. Dem Buch lag das Stück »Der Goldener Anker« des französischen Autors Marcel Pagnol zugrunde. Jannings schlug vor, in Frankreich zu drehen, doch der neue Reichspropagandaminister Dr. Goebbels funkte dazwischen. Der Schauplatz mußte nach Hamburg verlegt werden, und so wurde aus dem »Goldenen Anker« der »Schwarze Walfisch«. Regie führte Fritz Wenthauser, der später emigrierte, und da auch das Drehbuch von dem jüdischen Schriftsteller Willy Wolf stammte, sah Goebbels keine Veranlassung, diesen Film zu fördern. Er erhielt auch kein – absatzförderndes – Prädikat, angeblich aus moralischen Gründen, weil das Mädchen, das ein Kind bekommt, statt den Namen des wirklichen Vaters den eines anderen Mannes nannte.

Als Jannings von seinem Haus am Wolfgangsee nach Berlin kam, machte diese Stadt einen ganz anderen Eindruck als früher. Jannings schreibt darüber:

»Das neue Berlin erinnerte mich stark an Amerika, wo jeder seine Arbeit und seinen Aufgabenkreis hatte und in seiner Tätigkeit zufrieden wurde.«

So wie Jannings verfolgte anfangs ein Großteil der Deutschen den nationalen und wirtschaftlichen Aufstieg, den das Deutsche Reich seit Hitlers Machtübernahme erfahren hatte, mit Sympathie. Anders wäre es nicht denkbar, daß ein Richard Strauss die Präsidentschaft der Reichsmusikkammer übernommen hatte und viele Künstler aller Sparten Ehrungen annahmen, mit der sie das Regime überhäufte. Wohl erfuhren sie vom Schicksal etlicher Kollegen, vor allem jüdischer, die emigrieren mußten. Man hoffte, daß sich alles beruhigen werde. Viele setzten sich für jüdische Kollegen ein und ließen alle ihre Beziehungen spielen. Wilhelm Furtwängler trat öffentlich für seine jüdischen Kollegen Klemperer und Bruno Walter ebenso wie für den »atonalen« Komponisten Paul Hindemith ein. Das kostete ihn die Leitung der Berliner Staatsoper. In einer »Tristan«-Aufführung kam es zu einem demonstrativen Beifall für ihn, sehr zum Ärger Görings, der anwesend war. Andererseits kann nicht verschwiegen werden, daß angesichts der jüdischen Dominanz in Film und Theater, im Presse- und Bankwesen es nicht wenige gab, die begierig auf die frei werdenden Positionen drängten.

Emil Jannings hatte es freilich nicht nötig, sich an die neuen Machthaber anzubiedern. Hier war die Situation eher umgekehrt: Die Nationalsozialisten konnten es sich einfach nicht leisten, den anerkannt größten Schauspieler deutscher Zunge ziehen zu lassen. Sie machten ihm Avancen, obwohl Dr. Goebbels sich nie von seinen Vorbehalten gegenüber Jannings lösen konnte. Wahrscheinlich war ihm der große Schauspieler allein wegen seines langen . Amerika-Aufenthaltes verdächtig.

Jannings war beileibe kein Nationalsozialist. Sein ganzes bisheriges Leben sprach dagegen. Er hatte zahlreiche jüdische Freunde, war beruflich mit vielen von ihnen verbunden, er besaß Welterfahrung und genügend Realismus, um dem Regime auf den Leim zu gehen. Andererseits war dieses Regime geradezu erpicht darauf, den Künstler, der berühmt nach Amerika gegangen und weltberühmt heimgekehrt war, in Deutschland zu halten. Er erhielt neben Zarah Leander die höchsten Gagen, man bot ihm die Stellung eines Filmzaren an, die er ausschlug. Das ging gut bis zum Kriegsausbruch. Dann aber forderte Goebbels die Zinsen für die künstlerischen Vorrechte ein, die Jannings gewährt worden waren. Dieser versuchte zu verzögern, wo es nur ging; alle möglichen Schwierigkeiten vorzutäuschen, um sich den Verpflichtungen zu entziehen. Doch dann kam der Augenblick, wo das alles nicht mehr verfing. Jannings hat bitter dafür büßen müssen.

Jannings hatte sich geirrt, wie viele Deutsche, von Richard Strauss bis Furtwängler, von Gerhart Hauptmann bis Gottfried Benn, von Kirchenfürsten bis zu adeligen Generalstabsoffizieren. Man hielt Hitler für eine positive Antwort auf das Chaos der Weimarer Republik. Man glaubte oder hoffte, daß der Reichskanzler genügend politischen Instinkt haben werde, um das Reich nicht in eine internationale Isolierung oder gar in den Krieg zu treiben. Auch sah man allgemein nicht im Faschismus, sondern im Bolschewismus den Feind der Menschheit »Nummer eins«. Die Entwicklung, die Hitler nehmen sollte, war selbst von politisch Hellsichtigen kaum zu erkennen, viel weniger noch von der breiten Masse des Volkes. Hitler spielte im Innern den sozial fühlenden leidenschaftlichen Patrioten, nach außen hin den schwer verwundeten Soldaten des Ersten Weltkrieges, dem man abnehmen mußte, daß er keinen zweiten Krieg wünschen könne. So täuschte er das Ausland, das nach Frieden lechzte, ebenso wie die eigenen Bevölkerung, die einen Weg aus der herrschenden materiellen Not ersehnte.

1934 erhielt Jannings von der Tobis-Filmgesellschaft die Rolle des Soldatenkönigs Friedrich Wilhelm I. angeboten. Mit diesem Film »Der alte und der junge König« erwarb Jannings neuen Weltruhm. Er spielte den alten König, Werner Hinz seinen Sohn Friedrich. José German, Gründer und Präsident des Frontverbandes französischer Schriftsteller, sagte über diesen Film:

»Ich war mit Mißtrauen zu der Vorführung gegangen, ich bin mit roten Augen erschüttert herausgekommen. Ich war deshalb auch nicht wenig erstaunt, als mich die Leiter der Firma fragten, ob sie diesen deutschen Film in Frankreich zeigen sollen, in dem Emil Jannings sich aufs neue als großer Tragöde beweist. Gewiß, gab ich zur Antwort. Natürlich! Zeigen Sie dieses Corneille'sche Werk so bald wie möglich. Die Schönheit kennt kein Vaterland. Das Wunder dieses Films besteht darin, uns aufs äußerste zu ergreifen, ohne zu den gewohnten Liebesintrigen Zuflucht zu nehmen. Ein einfaches moralisches Duell zwischen einem Vater und seinem Sohn, die einander im Rhythmus aufeinanderfolgender Generationen ohne Nachsicht bekämpfen. Es ist der wundervolle Roman der Staatsräson, die Opfer des Herzens zugunsten des nationalen Interesses verlangt.«

Auch die englische, französische, belgische und holländische Presse, ob deutschfreundlich oder -feindlich, äußerte ihre Bewunderung über dieses Werk und die darstellerische Leistung Emil Jannings'. Eine Wiener Zeitung schrieb, daß man seit Charles Laughtons »Heinrich VIII.«

auf schauspielerischem Gebiet nichts Ähnliches mehr gesehen habe.

Im Film »Der alte und der junge König« stand im Mittelpunkt die Wandlung des Kronprinzen Friedrich »unter der eisernen Zuchtrute des Vaters, der vor keiner Härte zurückschreckte, um aus dem Flötenbläser einen Preußenkönig zu machen«.

Mit diesem Film hatte sich Jannings wieder in den Vordergrund gespielt, sich selbst und damit zugleich auch den deutschen Film. 1936 folgte dann »Traumulus« – wieder eine Lehrerrolle, allerdings ohne die Abgründe des Professors Unrat. Regie führte Carl Fröhlich.

Auch »Traumulus« wurde ein großer Erfolg. Alle Kritiken rühmten das verinnerlichte, menschlich so warm ansprechende Spiel Jannings'. Es kam damals zu einer Leserumfrage nach den besten deutschen Schauspielern, deren Ergebnis auch heute von Interesse ist:

Die besten deutschen Darsteller: 1. Emil Jannings, 2. Werner Krauß, 3. Friedrich Kayßler, 4. Paul Wegener, 5. Heinrich George, 6. Carl Ludwig Diehl, 7. Willy Birgel, 8. Hans Albers, 9. Gustav Fröhlich, 10. Mathias Wiemann, 11. Adolf Wohlbrück, 12. Paul Hörbiger.

Die besten deutschen Schauspielerinnen: 1. Paula Wessely, 2. Sybille Schmitz, 3. Luise Ulrich, 4. Renate Müller, 5. Brigitte Horney, 6. Hansi Knotek, 7. Lil Dagover, 8. Angela Sallocker, 9. Olga Tschechova, 10. Marianne Hoppe, 11. Magda Schneider, 12. Gusti Huber.

Auch bei der Bewertung der besten männlichen schauspielerischen Leistungen des Jahres wurde Emil Jannings neben Friedrich Kayßler an die erste Stelle gereiht.

Aufgrund seiner Erfolge als »König Friedrich Wilhelm I.« und »Traumulus« erhielt Jannings von der Tobis einen Vertrag, Filmstoffe selbst auszuwählen und Filme so zu gestalten, wie sie ihm vorschwebten. Kein Regisseur durfte ihm in seiner Auffassung hineinreden. Er hatte immer die letzte Entscheidung.

Übertroffen wurde der Erfolg von »Traumulus« durch den im Jahr darauf, 1937, produzierten Film »Der Herrscher«, der nach Gerhart Hauptmanns Drama »Vor Sonnenuntergang« gedreht wurde. Bei der Biennale in Venedig erhielt Jannings als bester Schauspieler des Jahres den Volpi-Pokal.

Interessant ist, was amerikanische Zeitungen über diesen Film schrieben. So lesen wir in der »New York Post« vom 16. Oktober 1937:

»Emil Jannings ist noch immer der Emil Jannings, an den man sich von Stummfilmzeiten her erinnert, womit gesagt werden soll, daß er einer der hervorragendsten Filmschauspieler der Welt ist. In ›Der Herrscher‹ bietet er uns eine schauspielerische Leistung von seltener Kraft. Jannings, der Industriemagnat, beabsichtigt, sein Werk den Arbeitern zu überlassen, stößt aber auf den Widerstand seiner Familie und des Aufsichtsrates. Während des Kampfes steht ihm seine junge, hübsche Sekretärin zu Seite, deren Mitgefühl für ihn so wichtig wird, daß er beschließt, sie zu heiraten. Dies führt zu einem dramatischen Zerwürfnis, und die Familie versucht, ihn unter Kuratel zu stellen. Diese Szenen, in denen Jannings seiner Familie die Meinung sagt, sind großartig in ihrem Aufbau, der langsam zum Höhepunkt des Gefühlsausbruches ansteigt. Eine abschließende Geste zugunsten des neuen Staates muß notwendigerweise niederschmetternd auf alle wirken, die für das Naziregime keine Sympathien aufbringen. Aber durch diese Tatsache wird der tief erschütternde Eindruck, den man vorher hatte, nicht abgeschwächt. Eine wichtigere Beanstandung ist, daß – wie üblich bei deutschen Filmen – die englischen Untertitel betrüblich unzulänglich sind. Es ist ein hervorragendes Verdienst von Jannings darstellerischer Leistung, daß selbst da, wo das, was er sagt, nicht erklärt ist, der Sinn durch seinen Ausdruck und seine Stimme klar wird. Die übrige Besetzung unterstützt ihn durch gute darstellerische Leistung.«

Als nächster Film kam dann 1937 »Der zerbrochene Krug«. Er wurde eine Sensation. Zuvor hatte es unter den Filmleuten Bedenken gegeben. Dem Schauspieler wurde gesagt: »Unmöglich, lieber Jannings: das Publikum verlangt Handlung. Es muß doch etwas geschehen.«

Dazu Jannings: »Ich habe gewußt, daß all die konventionellen Begriffe von Handlung und Spannung ebenso falsch sind wie Vorstellungen, die Fachleute vom Publikum haben. Der Zuschauer geht mit, wenn das Herz getroffen wird. Ein Funke muß den Zuschauer elektrisieren und ihn auf den Fortgang der Ereignisse warten lassen.«

Was Jannings an dem Kleist-Stoff faszinierte, waren »die wundervoll plastische Zeichnung der Charaktere, die fast fühlbare Atmosphäre des Lebensraumes und der tief innerliche unwiderstehliche Humor«.

Eine politische Sensation war, daß Jannings den »Dorfrichter Adam« – genau nach des Dichters Anweisung – mit einem Klumpfuß spielte, was man nur allzu leicht als Anspielung an Goebbels' Gebrechen auffassen konnte. Der kleine Doktor war immer schon das Ziel des Volkswitzes gewesen. Als das Gerücht umging, der Minister hätte sich an die Schauspielerin Lida Baarova herangemacht und sei – was nicht der Wahrheit entsprach – von deren Freund, dem Schauspieler Gustav Fröhlich, geohrfeigt worden, feixte Werner Finck im Kabarett »Die Katakombe«: »Wer möchte nicht gern fröhlich sein?« Und ganz Berlin lachte. Als nun am 14. Oktober 1937 im Berliner UFA-Palast am Zoo die Premiere des Films stattfand, wartete alles auf die Reaktion des Propagandaministers. Goebbels hatte den Film verbieten lassen wollen, doch Hitler, der ihn sich in seinem Privatkino vorführen hatte lassen, fand ihn großartig. Dadurch waren Goebbels die Hände gebunden. Er bat sogar den »großen Künstler Jannings« in die Ministerloge und begrüßte ihn unter dem Blitzlicht der Pressefotografen mit langem Händeschütteln.

Die künstlerische Qualität des Films steht außer Streit. Es

war der erste Film, der sich streng an den Wortlaut der zugrundeliegenden Dichtung hielt. Die berühmten Shakespeare-Filme des Engländers Laurence Olivier – für Heinrich V. erhielt er den Oscar – haben im Jannings-Film ihr Urbild. Über seine Rollengestaltung äußert sich der Künstler selbst:

»Den Richter Adam hatte ich schon so oft gespielt, daß ich eine ziemlich klare Vorstellung davon besaß, wie ich in dieser Figur wirkte. Als ich jedoch den Film sah, gewahrte ich etwas ganz Neues. Jede Einzelheit trat bedeutungsvoll hervor und gab dem Charakter eine bleibende Farbe. Mein Dorfrichter Adam auf der Leinwand war vieltöniger und reichhaltiger als der, den ich auf der Bühne darstellte. Er hatte im Film etwas Endgültiges und Abgeschlossenes erhalten, und was ich über seinen Charakter zu sagen hatte, war zum Ausdruck gekommen. Ich werde diese Rolle daher nicht wieder spielen.«

Der Film wurde im In- und Ausland ein ungeheurer Erfolg. In Österreich erhielt er das Prädikat »Kulturell wertvoll«. In Deutschland aber wurde der Film bei vollen Häusern abgesetzt. Die vermeintliche Anspielung mit dem Klumpfuß war mehr, als der eitle Goebbels vertragen konnte. Seine Rache war subtil: Er schlug dem Künstler als dem international bekanntesten und beliebtesten deutschen Schauspieler vor, die künstlerische Oberleitung der gesamten deutschen Filmproduktion zu übernehmen. Das Angebot war verlockend: höchste Vollmachten, Dienstauto, Personal, Villa im Grunewald, Repräsentationsspesen, persönliche Spesen, ein Jahreseinkommen von 250 000 Reichsmark. Emil Jannings erkannte jedoch, wie zweischneidig solch ein Angebot war. Lehnte er ab, so hatte er die Partei gegen sich, jede weitere künstlerische Tätigkeit in Deutschland könnte ihm unmöglich gemacht werden; nahm er aber an, so würde ihm Goebbels kein selbständiges, freies Arbeiten gestatten. Er wäre gebunden, sein Ruf im Ausland stünde auf dem Spiel.

Jannings beriet sich mit seinen Freunden und fand einen Ausweg: Er stellte ganz unannehmbare Forderungen. Er verlangte das Doppelte der gebotenen Summe, zugleich aber auch völlige Freiheit in der Wahl und Bearbeitung der Filmstoffe sowie die Zusicherung, an keinem Tendenzfilm mitarbeiten zu müssen. Diese Forderungen wurden natürlich abgelehnt. Zwar durchschaute Goebbels den Schauspieler noch nicht ganz, doch sein Mißtrauen wuchs. Der Minister versuchte Jannings für die Mitarbeit für einen großen Propagandafilm zu begeistern. Von Hans Falladas Filmstoff »Der weite Weg«, den der Schriftsteller später stark geändert zum Roman »Der eiserne Gustav« umgestaltete, versprachen sich der Propagandaminister ebenso wie Regisseur Steinhoff große Wirkung auf das Publikum. Jannings tat interessiert. Sosehr er alles Tendenziöse gerade in der Kunst ablehnte, er durfte es nicht wagen, sich offen gegen den Minister zu stellen. Aber er äußerte immer neue Wünsche und Vorschläge, welche die Kosten des Films ins Gigantische steigern mußten. Als Goebbels schließlich höchstpersönlich Jannings am Wolfgangsee aufsuchte, um das Filmprojekt zu einem Abschluß zu bringen, erklärte ihm der Künstler, daß sich die Herstellungskosten des Films auf 4,5 Millionen RM stellen würden. Noch nie war in Deutschland eine solche Summe für einen Film ausgegeben worden; doch Goebbels erklärte sich einverstanden. Aber Max Winkler, dem einflußreichen Finanzgewaltigen des deutschen Filmwesens, gelang es, den Minister umzustimmen – unter anderem mit dem Argument, daß die außergewöhnlich lange Drehzeit die Ateliers für jede andere Filmarbeit blockieren würde, so daß das vorgeschriebene Film-Soll nicht erfüllt werden könne. Vorher allerdings hatte Jannings mit Winkler ein langes Gespräch gehabt. Goebbels verzichtete auf seinen Plan, aber nun glaubte er zu wissen, daß Jannings »Sabotage betrieb«. Kenner der Situation konnte die Sache kaum verwundern. Das übersteigerte Selbst-

wertgefühl des Reichspropagandaministers und selbster-
nannten Herrschers über das deutsche Filmwesen duldete
einfach niemand wirklich Bedeutenden neben sich.

Der Besuch in St. Wolfgang hatte die Kluft zwischen Goebbels und Jannings vertieft. Das lag aber nicht nur an
dem Filmprojekt; ein kleiner, an sich bedeutungslos er-
scheinender Zwischenfall trug die Hauptschuld daran.
Jannings hatte, um dem Minister das Ein- und Aussteigen
ins Boot zu erleichtern, eine kleine Stiege anfertigen lassen. Goebbels, der jede Anspielung auf sein körperliches
Handicap als Beleidigung empfand, sprang über die Stufen
hinweg und funkelte den Künstler wütend an.

Ein künstlerisches Bekenntnis ersten Ranges war 1938,
ein Jahr vor Kriegsbeginn der Film »Robert Koch«. Jannings mußte um dieses Projekt, an dem sein ganzes Herz
hing, einen harten Kampf mit Goebbels ausfechten, der
Minister meinte, die Leute wollten »keine Trichinen sehen«. Es sei im Grunde egal, erwiderte Jannings, *was* man
bringe; entscheidend sei immer nur, *wie* man es bringt.
Der Erfolg sollte ihm recht geben. Jannings mußte auch
lange um die Mitwirkung von Werner Krauß kämpfen,
dem er die Rolle Rudolf Virchows zugedacht hatte, des
großen Gegenspielers Robert Kochs. Goebbels schätzte
Krauß als großen Bühnendarsteller, glaubte aber nicht,
daß er dieser Filmrolle gewachsen sei. Doch Jannings
wußte den Minister zu überzeugen.

Fast ein halbes Jahr arbeitete Werner Krauß zusammen
mit Emil Jannings an der Rollengestaltung. Krauß, dessen
Stimme zu den klangvollsten der deutschen Bühne gehörte, sprach monatelang nur mit Fistelstimme, um sich
ganz in die Gestalt des Geheimrats Virchow einzuleben.
Tage und Nächte verbrachte er im Arbeitszimmer Virchows, um seine Rolle bis ins kleinste Detail auszufeilen.
Freunde, die diese Zeit miterlebt hatten, erzählten, daß damals etwas geradezu Unheimliches von Werner Krauß
ausging.

Aber auch Jannings begann sich in fachwissenschaftliche Bücher einzulesen. Er saß im Winter mit einem befreundeten Arzt am Wolfgangsee, sah sich Präparate unter dem Mikroskop an, machte Schnitte, bettete in Paraffin ein, tat alles, um sich keine Blöße auch vor Fachleuten zu geben. Professor Sauerbruch von der Berliner Charité bat er, einer Operation beiwohnen zu dürfen, damit er lerne, wie man ein Skalpell richtig anfaßt und führt.

»Wir haben«, schreibt Jannings, »den Film in den weitesten Rahmen gestellt und ließen Reichstag, kaiserliches Schloß, Hörsaal und Anatomie hineinspielen. Daß wir die gelehrten Probleme in menschlich-dramatische Kämpfe verlagert haben, dürfte verständlich sein. Ein Film soll und will nicht wie ein wissenschaftliches Buch gelesen, sondern mit Herz und Augen erlebt werden. Und Robert Koch war alles andere als ein staubtrockener Gelehrter. Ich sah ihn als einen lebensfrohen, humorvollen und gütigen Menschen, der stahlhart wurde, wenn es um die Wahrheit ging.«

Der »Robert Koch«-Film wurde ein Welterfolg. Das Ausland sah hier das »bessere Deutschland« gestaltet, das Volk der Denker und Forscher, die ihr Leben für eine Idee im Dienste der Menschheit zur Linderung ihrer Leiden einsetzten. Dieser Film war inhaltlich über jede Kritik erhaben, ein herrliches Denkmal für jenen kühnen Arzt, der den Tuberkulose-, Cholera- und Milzbrandbazillus entdeckte, 1905 den Nobelpreis erhielt und durch seine Arbeit unendlich Gutes für die Menschheit getan hat. Aber auch die schauspielerische Leistung in diesem Film, vor allem das Gegenspiel Jannings und Krauß, war von seltener Intensität. Außerdem erzielte der Film im In- und Ausland ein Rekordgeschäft.

1939 sollte Jannings in dem Film »Der letzte Appell« eine Rolle übernehmen. Die Filmarbeit wurde jedoch rasch abgebrochen: Der Film hätte die Beziehungen zu England bessern sollen, doch inzwischen war die Kriegserklärung

Englands erfolgt. Nun sollte Jannings in einem Film spielen, dessen Manuskript Goebbels selbst verfaßt hatte. Es trug den Titel »Der Vater«. Die Zeit des Kriegsbeginns 1939 in Deutschland, die innere Einstellung der Menschen zu diesem Ereignis und zum Krieg überhaupt waren der Vorwurf. Da es ein Propagandafilm werden sollte, benahmen sich alle handelnden Personen überaus heldenhaft. Der Krieg und die Partei wurden verherrlicht. Goebbels schrieb sein Filmbuch nach dem Vorbild des amerikanischen Filmes »Mrs. Miniver« mit Greer Garson. Mit Alexander Lernet-Holenia zusammen nahm Jannings eine so starke Umarbeitung des Manuskripts vor, daß Goebbels es kaum wiedererkannte und den Plan fallenließ.

Es folgte jener Film, der den Künstler in den Augen von Deutschlands Kriegsgegnern diffamierte, der Film über »Ohm« Krüger, den Präsidenten der Südafrikanischen Republik Transvaal. Die Geschichte des Burenführers, dem das imperialistische England einen Krieg aufzwang, über dessen Ausgang kein Zweifel bestehen konnte, ist eine bewegende, tragische Geschichte, wert eines Darstellers vom Format eines Jannings. Doch inzwischen war der Krieg ausgebrochen, und was in normalen Zeiten eine Lanze für die Buren gewesen wäre, wurde nun zum Haßgesang gegen England – ganz im Sinne der Kriegspropaganda. So wurde ein interessanter Filmstoff und Jannings' große schauspielerische Leistung entwertet.

Jannings stand dem Filmprojekt von Anfang an mit tiefer Skepsis gegenüber. Seinem Bruder schrieb er:»Ich stehe in schweren Differenzen mit meinem ›Freunde‹, der mir die Freiheit künstlerischen Schaffens nehmen will. Morgen fahre ich wieder nach Berlin und habe einen schweren Kampf mit ihm auszufechten. Zur Debatte steht der Burenfilm ›Ohm Krüger‹. Ich hätte schon eine Idee, etwas Künstlerisches zu machen, aber man läßt mich nicht.«

Diesmal blieb Goebbels hart: Jannings, und nur er, könne den Ohm Krüger spielen. Jannings verlangte volle Freiheit in der Rollengestaltung. Goebbels erklärte diese Bedingung für unannehmbar. Jannings solle ihm endlich einmal sagen, was er eigentlich spielen wolle. Daraufhin der Künstler: »Überhaupt nichts.« Goebbels wütend: »Ich befehle Ihnen, diesen Film zu machen, und hoffen Sie nicht, irgendwie ausrutschen zu können oder im Ausland unterzukommen. Ihr Paß ist gesperrt!«

Das war also der Preis für die Vergünstigungen, die der Schauspieler während der letzten Jahre empfangen hatte. Dieser gab den Kampf um seine künstlerische Integrität nicht auf. Er bestand auf sein Recht, über das Drehbuch zu entscheiden; eines nach dem anderen verwarf er. Ein Autor nach dem anderen wurde eingesetzt, doch niemand konnte es ihm rechtmachen.

Am Ende verlor Goebbels die Geduld. Er gab Order, binnen vierzehn Tagen das Drehbuch fertigstellen zu lassen. Am letzten Ateliertag sagte Jannings zu Freunden: »Mir ist mies. Es war die schwerste Arbeit meines Lebens und auch die unerfreulichste Zeit, die ich in meiner Laufbahn mitgemacht habe. Ich bin um Jahre älter geworden.«

Unter den gegebenen Umständen ist Jannings' künstlerische Leistung um so höher zu achten. Seine Darstellung des alten Mannes im Zylinder und den faltigen Hosen läßt das Tendenziöse des Sujets vergessen. Auch die anderen Rollen waren mit erstklassigen Schauspielern besetzt. Den britischen Kolonialminister Joseph Chamberlain spielte Gustaf Gründgens, der sich ebenfalls vergeblich gegen die Rolle gewehrt hatte. Vor laufender Kamera erhielt Jannings im Propagandaministerium die höchste Filmauszeichnung des Reiches; Goebbels nannte ihn den »größten Schauspieler der Welt«.

Mit diesem Film hatte Jannings seinen Tribut an das Propagandaministerium leisten müssen. Er zog sich nun in sein Haus am See zurück, um einen Bismarck-Film vorzubereiten. Das Schicksal des Großen, dessen Werk von Jüngeren nicht mehr verstanden wurde, reizte ihn.

Der Film »Die Entlassung« wurde 1941 vollendet. Es ist der großartigste Bismarck-Film, der je ins Atelier ging, eine dokumentarische Rekonstruktion, ganz auf Bismarcks »Gedanken und Erinnerungen« und auf den Dokumenten des Auswärtigen Amtes basierend. Wolfgang Liebeneiner führte Regie, den Kaiser Wilhelm spielte Werner Hinz.

Jannings – und das ist das Faszinierende an seiner Bismarck-Interpretation – zeigte den Eisernen Kanzler nicht – oder zumindest nicht nur – als den kühlen Machtmenschen, den Homo politicus *par excellence*. Er stattet Bismarck mit privaten, menschlichen, fast weichen Zügen aus. Bezeichnenderweise zeigt er ihn auch nicht als Triumphator auf dem Höhepunkt seiner Macht, sondern ganz im Gegenteil am demütigenden Ende seiner glanzvollen Laufbahn. Es schmerzt mitanzusehen, wie der alte Riese Gegnern weichen muß, die – von Geheimrat Holstein, der »Grauen Eminenz« (wieder eine Paraderolle für Werner Krauß!) bis zum jungen Kaiser Willem II. – ihn umkläffen wie die Meute den gestellten Bären. »Der Lotse geht von Bord« lautete damals die Überschrift einer klarsichtigen Karikatur des Londoner »Punch«. Bald sollte es dunkel werden um das kaiserliche Deutschland. Ahnte Jannings ähnliches für das Dritte Reich?

Mit dem Film »Die Entlassung« nahm Jannings Abschied als großer Tragöde und Menschengestalter. Sein letzter Gruß aber – keiner ahnte damals, daß es der letzte war – sollte ein Lächeln sein. Vielleicht hatte er die Empfindung, daß er nach seinem »Bismarck« keinen historischen Film mehr drehen solle. Es entstand der Tobis-Film »Altes Herz wird wieder jung«, ein Lustspiel, das beim Publikum großen Anklang fand. Das war ein anderer Jannings, dem es da begegnete – ein heiterer, reizender, liebenswürdiger Mensch –, die andere Seite des großen Künstlers, die auch in seinem Privatleben immer wieder durchbrach und seine Freunde entzückte.

Mit diesem Lächeln verabschiedete sich Jannings für

teste war, deshalb mußte er auch der größte »Nutznießer« gewesen sein.

Jannings trug sein Schicksal in Ruhe und Würde. Er arbeitete und studierte und zeigte seinen Freunden gegenüber jenen so herrlichen Humor, den er in hohem Ausmaß besaß und der sie darüber hinwegtäuschen sollte, daß hier ein Mensch innerlich verblutete.

Natürlich hatte auch Jannings seine Fehler. Seine kluge Zurückhaltung mochten manche als Lavieren auslegen. Dann wieder haftete ihm eine gewisse Maßlosigkeit an, im Zorn übertrieb er, auch war er nicht frei von Eitelkeit – aber welcher Schauspieler ist es?

Je älter er wurde, um so stärker kam seine Menschlichkeit und Schlichtheit zum Vorschein. Schlicht und einfach war auch sein Tod, schlicht sein Weg zum Grab, und schlicht ist auch jenes Stückchen Erdreich, das sein Sterbliches umfaßt. Über seinem Totenantliz lag der Ausdruck von Gelassenheit und Frieden. Nichts konnte mehr an ihn heran. Mit der Nachricht über seinen Tod ging noch einmal sein Name um die Welt. Die Londoner »Daily Mail« nannte ihn »The greatest character actor between the World Wars«.

Gussy war noch immer die elegante und kluge Frau, die nie zeigte, wie es um sie im Inneren stand. Sie war eine gute Gattin, energisch und dominierend. Jeden anderen außer Jannings hätte sie unter ihren Pantoffel gezwungen, bei Emil versuchte sie es gar nicht. Er vermied Auseinandersetzungen, und sie wußte, wann er nicht bereit war, nachzugeben. Gussy Holl war eine bekannte Diseuse in Berlin gewesen, für die unter anderem auch Tucholsky die Chansons schrieb. In erster Ehe war sie mit dem Filmschauspieler Conrad Veidt verheiratet. Nach ihrer Hochzeit mit Jannings gab sie ihren Beruf auf. Ihrem Mann war sie ein unentbehrlicher Partner, insbesondere in den USA, denn sie sprach perfekt Englisch. Nach dem Krieg hielt sie den Haushalt fest zusammen und bremste, wenn nötig, die Großzügigkeit ihres Gatten.

Ihre Tochter Ruth, aus Gussys vorehelicher Liaison mit dem Herzog von Ratibor stammend, geriet äußerlich mehr ihrem Vater als ihrer Mutter nach, doch was ihr an Schönheit fehlte, machte sie durch Wissen, Klugheit und Warmherzigkeit quitt. Sie war der gute Geist des Hauses. Sie machte sich so unentbehrlich, daß weder Mutter noch Stiefvater sie ziehen lassen wollten. Und da sie keine Kämpfernatur war, blieb sie ledig.

Nach Jannings' Tod konnte und wollte Gussy den ausgedehnten Besitz nicht halten; für die beiden nunmehr alleinstehenden Frauen war er einfach zu groß. Sie verkaufte den Besitz am Wolfgangsee an den deutschen Großindustriellen Wolff von Amerongen, dessen erste Frau das Haus abreißen und ein modernes Gebäude errichten ließ. So blieb auch der letzte Wunsch Jannings unerfüllt, auf dem kleinen Friedhof von St. Wolfgang »gegenüber meinem Besitz« so zu ruhen, »daß mein Blick über den See zum Haus – zu Frau und Tochter – geht«.

Ruth, die alle Dokumente ihres Stiefvaters gesammelt hatte, kam seelisch nicht mehr zurecht, verlor jede Lust am Leben und starb einige Wochen vor ihrer Mutter. Dann gab es ein Gerangel um das Erbe. Statt mit dem vorhandenen Material eine Jannings-Gedenkstätte zu errichten, ließ man es zu, daß dieses in alle Winde zerstreut wurde.

So endet die Geschichte von Emil Jannings und den Seinen. Er hat zu den größten Schauspielern der Welt gezählt. Kein deutschsprachiger Filmschauspieler hat ähnlichen Ruhm erreicht. Heute jedoch weiß nicht einmal in Deutschland die Jugend mehr, wer dieser Mann gewesen ist, der die Geschichte des Films entscheidend beeinflußt hat. Sic transit gloria mundi.

IV.
Roman Scholz

Roman Karl Scholz war ein außergewöhnlicher Mensch und hatte ein außergewöhnliches Schicksal. Geboren am 16. Jänner 1912 in Mährisch-Schönberg, starb er nach einer Gefängniszeit von fast vier Jahren am 10. Mai 1944 im Wiener Landesgericht durch das Fallbeil. Er starb als Widerstandskämpfer und Märtyrer für Österreich.

Von seiner Kindheit wissen wir wenig. Er war ein uneheliches Kind und wurde von seiner Großmutter aufgezogen, einer armen, fleißigen und frommen Frau, die ihrem Enkel viel Liebe entgegenbrachte. Sie arbeitete als Dienstmädchen, ihr Mann war arbeitslos. Als Scholz den Opfertod erlitt, nahm die 75jährige die Nachricht ruhig auf. Ihr Schmerz fand keinen Weg nach außen. Nach dem Zweiten Weltkrieg wurde sie von den Tschechen aus ihrer Heimat vertrieben und flüchtete nach Österreich. 1961 starb sie, über 90 Jahre alt, in Steyr.

Der begabte Knabe durfte die deutsche Mittelschule (so hieß damals die AHS) in Mährisch-Schönberg besuchen; für ein Kind aus ärmeren Kreisen war das damals etwas Besonderes. Während der Schulzeit trat Scholz der katholischen Jugendbewegung »Neuland« bei, deren Mitglieder sich für die Natur begeisterten. »Neuland« stand der Wandervogelbewegung nahe und verstand sich als eine Abwehrbewegung gegenüber einer Veräußerlichung der Kultur, geistiger Verflachung und Spießbürgertum. Der Junge war auch Mitglied des Deutschen Turnerbunds, einem Sammelbecken der Deutschen, die in der nach dem Zweiten Weltkrieg so hochgelobten Tschechoslowakei als

Bürger zweiten Ranges behandelt wurden und sich nicht ohne Grund als diskriminierte und schikanierte Minderheit sahen.

Nach der Matura trat Scholz im Jahre 1930 als Novize in das Stift Klosterneuburg ein. Es gab damals im Konvent der Chorherren einige Bedenken, weil Scholz ein uneheliches Kind war, doch der großherzige Prälat Dr. Joseph Kluger wischte diese Bedenken beiseite. Auch hatte es sich herumgesprochen, daß der »Ledige« an Begabung und Intelligenz die meisten anderen weit überragte.

Die Stifte in Niederösterreich, vor allem das Stift Klosterneuburg, waren traditionsgemäß das Ziel vieler Deutscher aus Böhmen und Mähren. Es war nicht allein die Frömmigkeit, welche die Leute anzog, sondern die vielen Möglichkeiten, die das Stift bot. Wen es zur Seelsorge zog, für den verfügte das Stift an die dreißig Pfarren in Wien und Niederösterreich; wer sich der Wissenschaft verpflichtet fühlte, konnte auf eine Professur in der Hauslehranstalt des Stiftes hinarbeiten oder in der reichhaltigen Bibliothek und den Stätten kostbarer Kunstsammlungen unterkommen. Der Musikliebhaber fand ebenso Chancen, leistete sich doch das Stift ein Institut für Sängerknaben. Aber auch Interessenten für die Land- und Forstwirtschaft sowie für den Weinbau fanden ein Betätigungsfeld.

Als Scholz eintrat, bestand in Klosterneuburg das weit über die Grenzen des Landes bekannte Liturgische Apostolat, eine Gründung des Chorherrn Dr. Pius Parsch. Als »Neuländer« fühlte sich Scholz, der den Klosternamen Romanus erhielt, sofort zum Liturgischen Apostolat hingezogen, wenn auch von konservativer Seite scheelen Auges auf diese Laienbewegung geblickt wurde. Die Liturgische Bewegung trat für eine Entschlackung der kirchlichen Observanz ein; man ging dem aus dem Weg, was sich in der Kirche immer mehr breitmachte, den Maiandachten, dem Rosenkranzgebet, den stillen Messen, dem Pomp an Festtagen, aber auch den schönen musikalischen Hochämtern,

das war ihr doch zu düster. Sie zog Kinderlachen dem Chorgebet vor und ließ lieber das Schloß Schönbrunn ausbauen. Anhand der verschiedenen Bauphasen, von der Gotik bis zum Barock und zur Neugotik, läßt sich die Geschichte des Stiftes optisch nachvollziehen.

Dieses Stift mit seiner großen Tradition und seinen reichen Kunstschätzen war nun Romans neue Heimat. Der Armut, wie er sie in Mährisch-Schönberg gekannt hatte, war er nun entronnen. Obwohl zu den drei Gelübden des Chorherrn neben Keuschheit und Gehorsam auch die Armut gehört, war sie etwas anderes als das Proletarierelend, in dem er vormals gelebt hatte.

Das Stift war – und ist es auch heute – sehr vermögend. Es verfügt über eines der größten Weingüter Österreichs (Klosterneuburg hat in der internationalen Önologie einen hervorragenden Namen); zu Land- und Forstwirtschaft des Stiftes gehörten große Teile der Donauauen, ein Landgut bei Korneuburg und Hausbesitz in Wien sowie bis 1945 ein großes Gut in Ungarn.

Das Leben der Novizen und Kleriker lief nach einem genauen Rhythmus ab: Gottesdienst, Chorgebet, Vorlesungen, Studium und Freizeit. In der Freizeit schrieb Roman Gedichte, die er unter dem Titel »Ferne feine Dinge« im Selbstverlag herausgab. Gedruckt wurden sie in der stiftseigenen Augustinerdruckerei, die Auslieferung besorgte das Liturgische Apostolat. Das Erscheinungsjahr (es ist nicht angegeben) war 1934, als Roman nach Ablegung der Großen Gelübde Chorherr geworden war. Die Gedichte widmete er denen, »die mich lieben«, wobei er wohl am wenigsten an seine Mitbrüder dachte. Vielen von ihnen war hingegen der Nietzsche-Satz zugedacht, den er den Gedichten voranstellte: »Solches ist aber nicht für lange Ohren gesagt. Jedwedes Wort gehört auch nicht in jedes Maul. Das sind ferne feine Dinge, nach denen sollen nicht Schafsklauen greifen.«

In diesem ersten Band – er enthält 112 Gedichte – zeigt

sich bereits stark das Streben nach persönlichem Ausdruck. Die Gedichte gewähren Einblick in sein Seelenle-
ben. Zur Klage über den Verzicht tritt die Lobpreisung des
hohen Lohnes, der ihm für seinen Verzicht zuteil wird.

Das Gedicht »Bild von mir« offenbart einige Charakter-
züge Romans: ein wenig Selbstironie, ein wenig Eitelkeit,
ein wenig Selbstverliebtheit, aber auch die Sehnsucht, ein
guter Priester zu werden. Das Gedicht »Morgen« ist ein
schönes Zeugnis für diese Sehnsucht. Er gibt sich ganz
der Stimmung hin, die ein Morgengottesdienst verbunden
mit der Kommunion in ihm entfacht hat. Er fühlt sich wenigstens für Augenblicke in einem mystischen Zustand,
erlöst vom Bangen, das sonst seine Seele quält.

Im Jahre 1930, als Roman Scholz in das Stift als Novize
eintrat, wurden Fritz Lehmann und ich in das Juvenat des
Stiftes aufgenommen. Es war ein Jahr vorher gegründet
worden, um Knaben, die den Priesterberuf ergreifen wollten, schon frühzeitig an das Leben im Kloster zu gewöh-
nen. Wir waren drei Knaben, die alle die vierte Klasse Un-
tergymnasium absolviert hatten. Auch der Jahrgang vor
uns bestand aus drei Schülern; insgesamt waren wir sechs
Internisten, die das öffentliche Gymnasium in Klosterneuburg besuchten und im Stift unser Zuhause hatten. Abgesehen von unserer Mitwirkung an Gottesdiensten, belaste-
ten uns keine Pflichten. Selbstverständlich mußten wir
uns an die vorgeschriebenen Zeiten halten, an das früh-
zeitige Aufstehen, um den Chorherren bei ihrer Messe zu
ministrieren, an den Schuldienst, an die Lernzeit nach dem
Mittagessen und an das Schlafengehen zur festgesetzten
Stunde. Sonst aber hatten wir Freizeit, wir konnten Fuß-
ball spielen und andere Sportarten betreiben, der Liturgischen Bewegung und der Marienkongregation angehören,
auch Theater besuchen, wenn wir die Erlaubnis des Leiters
eingeholt hatten. Dieser war gleichzeitig Novizenmeister
und Klerikerdirektor, hieß Norbert Stenta, ein gebildeter
und ungemein musikalischer Mann, ein glänzender

Kanzelredner und Autor mehrerer Abhandlungen, vor allem über die Liturgische Bewegung. Uns gegenüber war er aufgeschlossen und großzügig. Wenn einer von uns Sorgen hatte, fand er bei ihm Rat und Hilfe.

Wir hielten zueinander gute Kameradschaft, Fritz Lehmann und ich wurden bald die besten Freunde. Er war eine Frohnatur, besaß Humor und konnte niemand traurig sehen. Schon damals fiel sein schauspielerisches Talent auf. Für heitere Stunden sorgte er mit seinem Gitarrenspiel, zu dem er mit seiner hübschen Stimme Lieder sang.

Scholz lernten wir im zweiten Jahr kennen, als er Kleriker geworden war. Näheren Kontakt mit ihm hatte keiner von uns. Er galt unter seinen Mitbrüdern als arrogant, hatte nur einen Freund mit dem Klosternamen Richard, der aber vor der Priesterweihe das Stift verließ.

Nach der Matura traten Lehmann und ich 1934 als Novizen in das Stift ein. Das bedeutete ein Jahr geistige und religiöse Vorbereitung auf das Klosterleben. Prälat Kluger las mit uns die Psalmen. Unter Norbert Stenta begannen wir mit Predigtübungen, während Chorherr Severin Schmidt mit uns das lateinische Brevier durchnahm. Wegen seiner intensiven Tätigkeit im musikalischen Bereich legte Norbert Stenta seine drei Funktionen zurück, und seine Aufgaben übernahm Severin Schmidt. An die Stelle einer großzügigen und aufgeschlossenen Persönlichkeit trat ein kleinlicher Pedant, der an jedem Novizen dauernd etwas auszusetzen hatte. Ständig hielt er Nachschau in den Zellen, ob sich da nicht etwa freigeistige oder seiner Meinung nach anrüchige Bücher eingeschlichen hätten. Beispielsweise requirierte er bei mir Nietzsches »Zarathustra« und Werfels »Abiturientantag«. Auch kontrollierte er während des Gottesdienstes und des Chorgebetes die Haltung der Novizen, ob sie ihre Hände beim stillen Gebet auch schön gefaltet hatten. Er gab wahrscheinlich den Ausschlag, daß Lehmann und ich im zweiten Jahr des Klerikats das Stift verließen, obwohl mir Prälat Kluger in seiner liebenswürdigen Art zuredete: »Bub«, sagte er, »bleib doch hier, draußen wirst du es schwer haben.« Ich dankte »Seiner Gnaden« für so viel Güte, hielt aber an meinem Entschluß fest, weil ich Sorge hatte, ein schlechter Priester zu werden. Das von Severin ständig verwendete Wort des sentire cum ecclesia, die Selbstaufgabe im Dienste einer Institution, stachelte meinen Oppositionsgeist immer von neuem an.

Während des Noviziats durften die Novizen nur in Begleitung eines Klerikers spazierengehen. Eines Tages nach dem Mittagessen fragte mich Roman, ob ich Lust hätte, mit ihm einen Spaziergang zu machen, was ich dankend annahm. Damals begann unsere Freundschaft. Er war schlank, feingliedrig, hatte blonde Haare und blaue Augen. Er konnte herzlich lachen, böse blicken und nahm für sich ein, wenn er zu reden begann.

Es waren schöne Spaziergänge auf den Leopoldsberg, in die Donauauen oder zum Weidlinger Friedhof, wo Nikolaus Lenau und andere Dichter begraben sind. Roman liebte die Natur und zeigte mir Pflanzen, die ich bis dahin nicht beachtet hatte, sprach von Nietzsche, den er verehrte, und machte kein Hehl aus seiner Geringschätzung eines Teils seiner Mitbrüder, wobei er einmal meinte, daß er lieber in der Vorhölle mit Homer, Sokrates, Platon, Aristoteles und Pindar zusammen sein möchte als mit einigen Mitbrüdern im Himmel. Das war für einen Novizen nicht gerade die beste Einführung in das Klosterleben, doch fand ich Gefallen an dieser Art Gespräche. Nach der trokkenen Lektüre der Traktate und Episteln der Kirchenväter mit Severin waren die Gespräche mit Roman eine reine Labsal. Er ließ mich auch an seinem Interesse an den Ereignissen in der Welt draußen, außerhalb der Mauern des Stifts, teilhaben. Er sprach von der großen Aufgabe, Deutschland aus den Fesseln des Versailler Vertrages zu befreien, und daß Österreich nicht herumkommen werde, sich Deutschland anzuschließen.

Nach einigen Monaten meiner Klerikatszeit erkrankte ich an einer schweren Venenentzündung. Neben Lehmann kümmerte sich Scholz rührend um mich, besuchte mich jeden Tag, las mir Gedichte und Textstellen vor, insbesondere von seinen Lieblingsdichtern Conrad Ferdinand Meyer, Theodor Storm und Rainer Maria Rilke. Über Politik redeten wir weniger, er bat mich aber, etwas für die Angehörigen der in Gefängnissen und Lagern eingesperrten Nationalsozialisten zu spenden, was ich ohne Zögern tat. Daß er eine geheime nationalsozialistische Zelle im Stift aufgebaut hatte, sagte er mir nicht. (Diese Spenden waren nach dem Anschluß der Anlaß für meine Aufnahme in die NSDAP, aus der ich nach meiner Verurteilung 1943 wieder ausgeschlossen wurde.)

Die täglichen Besuche Romans, seine hohe Intelligenz, die sensible, ja zarte Gefühlswelt, die sich hinter seiner oft arrogant wirkenden Art versteckte, all das schuf eine starke Bindung zwischen uns beiden.

Für die Alltagspolitik hatte ich bisher nicht allzu viel übrig gehabt. Erst die Gespräche mit Roman brachten mich zum Nachdenken. Er wies mich auf die politische Beschränktheit der Siegermächte hin, die der deutschen Demokratie kein Entgegenkommen zeigten. Allein die Reparationskosten waren mehr als eine Provokation. Anfangs weigerten sich die Siegermächte, eine Zahl zu nennen, dann, unter dem Einfluß der Amerikaner, setzten sie eine Summe fest, die in Raten abzuzahlen gewesen wäre und bis zum Jahre 1983, also bis in unsere Gegenwart, gedauert hätte. Allein schon die Tatsache, daß Hitler diese Zahlungen einstellte, brachte ihm die Sympathie vieler Deutscher. Sicherlich, die geistige Basis des Nationalsozialismus war schwach und wurde völlig vom nationalen Überschwang und Chauvinismus zugedeckt. Das nationalsozialistische Verhältnis zum Christentum konnte, mild ausgedrückt, nur als Unaufrichtigkeit bezeichnet werden. Man redete offiziell anders, als man in der Wirklichkeit handelte. Jedem Angehörigen eines Stiftes mußte klarsein, daß es der Kirche unter einer nationalsozialistischen Regierung wesentlich schlechter gehen würde als im sogenannten austroklerikalen System, in dem die Kirche eine bevorzugte Stellung einnahm und Privilegien genoß, die allerdings den Unmut weiter Kreise hervorriefen.

Das gab Roman zu, doch meinte er, daß das katholische Österreich, falls es zum Anschluß kommen sollte, den Katholizismus im Reich stärken und viele Auswüchse des Regimes verhindern werde. Er habe den Glauben und wisse sich damit einig mit vielen deutschen Kirchenfürsten und ausländischen Staatsmännern, daß Hitler ein vernünftiger Mann sei, der, schon im Hinblick auf das Ausland, die Radikalen in der Partei zurückdrängen werde. Ein Beispiel dafür sei die Niederschlagung des sogenannten Röhm-Putsches gewesen, durch die er das Militär als wichtigsten Bundesgenossen seiner künftigen Außenpolitik auf seine Seite gebracht habe. Auch dürfe man nicht vergessen, daß der Nationalsozialismus die einzige Kraft zu sein schien, die in der Lage wäre, den Kommunismus aufzuhalten.

Diese Argumente leuchteten mir ein, auch hoffte ich auf das Ende der deutschen Diskriminierung. Daß dieses Ende auch für Österreich eine andere Lage schaffen würde, war klar. Zwar gab es für Österreich keine Reparationszahlungen, doch besaß es zu wenig Kapital zur Gewinnung und zum Einsatz seiner Bodenschätze und zum Ausbau der Industrie. Die Anleihen, die Österreich aufnehmen mußte, waren mit harten Maßnahmen, insbesondere auf dem Sozialgebiet, verbunden. Nicht zu Unrecht nannte man den Generalkommissär des Völkerbundes, den Holländer Dr. Zimmermann, der die Sparmaßnahmen zu überwachen hatte, den Vogt von Österreich. Die Folgen dieser Maßnahmen waren der Abbau von Beamten (insgesamt 100 000) und Arbeitslosigkeit bei Angestellten und Arbeitern.

hochrangiger Gelehrter, Schriftsteller und Künstler drückte ihre Freude über das Geschehen aus. Kardinal Innitzer besuchte Hitler im Hotel Imperial und kam mit großen Hoffnungen zurück. All das führte dazu, daß viele Österreicher zur eigenen Beruhigung die Ausschreitungen für vorübergehende Auswüchse hielten, für Racheakte von Menschen, die in der austrofaschistischen Ära gelitten hatten. Auch sie hatten in der Systemzeit Straßen von Hakenkreuzen säubern müssen, so wie man nun die Juden zwang, die Straßen von Kruckenkreuzen zu reinigen, wenn auch um einiges brutaler. Nur hatten die Nationalsozialisten die Straßenreinigung damals als Bekenntnis zu Großdeutschland aufgefaßt, während es für die Juden eine Schmach und eine Erniedrigung war.

Es geschahen aber noch andere Dinge: Die Auslöschung des Namens Österreich mußte jedem Patrioten ans Herz greifen, um so mehr, als der Name Preußen erhalten blieb. Es gab weiterhin einen preußischen Ministerpräsidenten und einen preußischen Staatsrat, während Österreichs Länder in Gaue verwandelt wurden, wobei historisch gewachsene Grenzen willkürlich versetzt wurden. Der Name Österreich selbst wurde ausgelöscht. Es war die zweite Niederlage Österreichs durch Preußen nach Königgrätz. Um so bitterer, daß sie unter dem Österreicher Adolf Hitler erfolgte. Hitler haßte Österreich. Die Begeisterung, die ihm in Österreich anfangs überall entgegenschlug, mochte ihn für einen Augenblick milde stimmen, doch das änderte nichts an seinen Absichten. Nichts sollte mehr an Österreich erinnern, vor allem die Habsburger sollten aus der Geschichte gestrichen werden. Sicherlich hatte er ein wenig Sorge gehabt, daß ihn die Österreicher distanziert empfangen würden, was schon aus seinem ursprünglichen Plan hervorging, den Staat Österreich bestehen zu lassen und nur durch eine Personalunion mit dem Reich zu verbinden. Die Österreicher selbst hatten den Anschluß herbeigejubelt. Nun aber gab es für Hitler keinen Halt mehr.

Er wollte, daß Österreich völlig im Reich aufgehe und nichts mehr an seine große Vergangenheit erinnere.

Nach der Volksabstimmung, die um die 99% Ja-Stimmen brachte, in Österreich etwas mehr (99,37%) als im Reich (99,16%), wurde es noch schlimmer. Die Versprechungen oder Hoffnungen, die man den Bischöfen gemacht hatte, erwiesen sich als Täuschungen und Enttäuschungen. Die Kirche wurde aus dem öffentlichen Leben ausgeschaltet. Die staatlichen Zahlungen, auf die sie dank des von Joseph II. aus dem Vermögen der aufgelassenen Klöster gegründeten Religionsfonds Anspruch hatte, wurden eingestellt. Ohne den geringsten Rechtsanspruch wurden Stifte und Klöster aufgelöst, ihr Vermögen eingezogen. Sämtliche katholischen Schulen und Knabenseminare wurden aufgehoben, die geistlichen Schwestern aus Spitälern und Altersheimen entfernt. Die Schikanen gegen die katholische Kirche wollten kein Ende nehmen. Eine Protestaktion der Katholischen Jugend nach einer Feier in der Stephanskirche führte zum Sturm der Hitlerjugend auf das erzbischöfliche Palais.

In diesen schweren Zeiten traf ich Scholz einige Male in Klosterneuburg. Etwa im Mai 1938 (also bloß zwei Monate nach dem Anschluß!) meinte er, ob es nicht an der Zeit wäre, etwas gegen den immer rabiater werdenden Nationalsozialismus zu unternehmen. Ich pflichtete ihm bei, bat mir aber Bedenkzeit aus.

Bei unserem nächsten Treffen im Herbst 1938 gab es für mich eine weitere Überraschung. Scholz schlug vor, wir sollten einander einen Eid abnehmen, den auch jeder neu in die Gemeinschaft Eintretende zu leisten hätte. Dieser lautete: »Ich schwöre meinen heiligsten Eid, der alle anderen Eide bricht, daß ich der Sache der Deutschen Freiheitsbewegung mit dem Einsatz aller meiner Kräfte diene, ihrer Führung unbedingt den Gehorsam leisten und ihr Geheimnis jederzeit und vor jedermann wahren werde. Gott ist der Zeuge und Rächer meines Eides.«

Heute weiß ich nicht mehr genau, weshalb ich mich auf diese Formel eingelassen habe. Für das, was wir vorhatten, war der Eid etwas zu hochtrabend. Wir wollten mit deutschen Widerstandsgruppen Kontakt aufnehmen und in einer von ihnen mitarbeiten oder verschiedene Gruppen zusammenfassen und sie von Wien aus organisieren. An Sabotageaktionen war auf keinen Fall gedacht. Wir nannten die Gruppe »Großdeutsche Freiheitsbewegung«, weil 1938 kein vernünftiger Mensch daran dachte, daß Großdeutschland nur sieben Jahre überdauern werde. Im Programm ging es um die Freiheit, ob es sich um den Glauben und die Meinungsäußerung handelte oder um das Freisein von Not und Furcht. Wir wollten durch Vorträge im kleinen Kreis und mit antinationalsozialistischer Literatur einen geistigen Freiraum schaffen. Roman Scholz schilderte bei meinem Besuch skizzenartig seine Vorstellung von einem künftigen Staat. Er hat dann im Gefängnis diese Vorstellungen ausgearbeitet und als Syndikalismus weitergegeben.

Ich sagte Scholz damals, daß er mit meiner Mitarbeit nur im beschränkten Ausmaß rechnen könne, weil ich, nachdem mir zwei Semester Theologie angerechnet worden waren, innerhalb von drei Jahren mein Doktorat machen wollte und außerdem aus finanziellen Gründen noch Nachhilfestunden in Latein und Griechisch geben mußte. Scholz akzeptierte das. Ich nahm noch einigen Klosterneuburger Studenten den Eid ab, klärte sie über unser Vorhaben auf und verteilte antinationalsozialistische Schriften, die mir Scholz zukommen ließ. Von vier mir gut bekannten Familien sammelte ich Spendengelder ein, die ich bei jeder Begegnung mit Scholz ablieferte. Ihre Namen waren, da es sich ja nur um Spender handelte, selbst Scholz unbekannt, so daß sie nach Entdeckung der Gruppe unbehelligt blieben. Ich hatte Scholz auch Lehmann zugeführt, der mir wiederum seinen Burgtheaterkollegen Otto Hartmann vorstellte. Ich reichte diesen an

Scholz weiter, dessen engster Mitarbeiter er wurde. Er sollte der Judas der Bewegung werden.

Ich promovierte im Frühsommer 1939 zum Doktor der Philosophie und machte kurze Zeit darauf die Aufnahmeprüfung in das Institut für Geschichtsforschung. Ich traf Scholz noch einmal Ende 1939 oder Anfang 1940, als ich ihn mit Friedrich Heer zusammenführte, wie dieser später in einem Brief erwähnte. Heer war ein lieber Freund und ein vorsichtiger Mann, weil der Partei seine ablehnende Haltung gegenüber dem Nationalsozialimus bekannt war. Wenn er mir etwas Politisches mitteilen wollte, sprach er so leise, daß ich ihn kaum verstehen konnte. Ich fühlte mich an die beiden Gefangenen in Beethovens »Fidelio« erinnert, die mahnen: »Sprecht leise«, weil überall Lauscher stehen. Bei uns im Institut war das völlig unnötig, denn um uns saßen Gräfin Coreth und ihre Freundin sowie Willy Lorenz und Pater Hermann vom Benediktinerstift St. Peter in Salzburg. Über deren Gesinnung gab es keinen Zweifel. Aber auch von den anderen Institutsangehörigen, selbst wenn sie Nationalisozialisten waren, hätte keiner den anderen verraten. Das war Ehrensache. Als ich während eines Referates im Institut bei Professor Brunner, einer Koryphäe in seinem Fach, einige politische Anspielungen machte, bekam Brunner zwar einen roten Kopf, doch Folgen hatte es keine.

Im April 1940 wurde ich zur Rekrutenausbildung nach Hollabrunn eingezogen, und von diesem Zeitpunkt an verlor ich jeden Kontakt mit der Freiheitsbewegung, die inzwischen den Namen »Österreichische Freiheitsbewegung« angenommen hatte. Infolge des Krieges schien es nur mehr zwei Möglichkeiten zu geben, außer ein Militärputsch beendete das Wüten des größenwahnsinnig Gewordenen. Entweder gewann Hitler, dann würde es für lange Zeit Nacht in Deutschland und Europa, oder er verlor, dann würden die Siegermächte Österreich wiedererstehen lassen, obwohl Otto Bauer nach dem Anschluß in der Emigration geschrieben hatte, daß ein Wiedererstehen eines österreichischen Staates einen Rückschritt in der Geschichte bedeuten würde. Er konnte allerdings nicht ahnen, daß Hitler Taten setzen würde, die außerhalb jeder menschlichen Gesittung standen und damit auch das deutsche Volk moralisch ins Verderben rissen.

Scholz hatte bei der Gründung ein Konzept entworfen, das die Bewegung in Hundertschaften mit drei Reihen zu je dreißig Mann und je einem Reihenführer einteilte. Eine Reihe bestand aus zehn Dreierschaften, so daß die kleinste Einheit der Organisation eine Dreierschaft war. Da die Aktivisten der Gruppe vor ihrer Auflösung die Stärke von 100 Mann nicht erreichten, konnte das Konzept nicht in die Tat umgesetzt werden. Auch die Geheimhaltung war erschwert, vor allem aber wurde die Aufdeckungsgefahr größer: Viel zu viele kannten einander persönlich, und bei den berüchtigten Gestapo-Methoden bestand die Gefahr, daß die Menschen nicht durchhalten würden, wenn ihnen die Folter drohte. Scholz, der die größte Geheimperson hätte sein sollen, war fast allen bekannt, wenn schon nicht persönlich, dann dem Namen nach, obwohl er den Decknamen »Chef« oder »Wolf« führte.

Scholz hatte anfangs Bedenken, die jungen Studenten, die er im Gymnasium oder in der Bibelstunde unterrichtet hatte und die sich zur Mitarbeit anboten, aufzunehmen, weil er die Verantwortung, daß sie entdeckt werden könnten, nicht tragen wollte. Dann aber ließ er sich von den Studenten überzeugen, von denen einige schon eine Widerstandsgruppe gebildet hatten. Nach dem Zusammenbruch des Dritten Reiches machten ihm Mitbrüder des Stiftes Vorwürfe, daß er die jungen Menschen leichtfertig in Gefahr gebracht habe. So erklärte der Stadtpfarrer von Klosterneuburg, Theobald Tschetertnik: »Es war uns nur leid, daß er die jungen Menschen hineingezogen hat.« Und Koloman Harasta: »Er war ohne Zweifel eine hochbegabte Persönlichkeit, der aber menschliche Reife mangelte. Diese Unreife manifestierte sich für mich darin, daß er schon als Kleriker dem Nationalsozialismus anhing und, wie nicht anders zu erwarten war, sich nach dessen Machtergreifung in Österreich als illegales Parteimitglied entpuppte, dann aber neuerdings in die Illegalität ging und Führer einer Bewegung gegen das Hitlerregime wurde. Freunde hatte er, vor allem wegen eines gewissen intellektuellen Stolzes, keine unter den Chorherren. Erst in der mehrjährigen Kerkerhaft, die seinem Tod durch das Fallbeil voranging, scheint er auch menschlich reifer geworden zu sein. Absolut abzulehnen aber war es meines Erachtens, daß er junge Menschen, die seiner Seelsorge anvertraut waren, in eine politische Gruppierung hineinführte, die von vornherein schwerste Gefahren für Leib und Leben ihrer Mitglieder in sich barg, und deren Entdeckung sich auch notwendig zum Schaden für Kirche und Seelsorge auswirken mußte.«

Als wichtigste Personen stießen zur Freiheitsbewegung Dr. Hans Zimmerl, Gerhard Fischer-Ledenice und Hans-Georg Heintschel-Heinegg. Alle drei mußten ihren Einsatz mit dem Leben bezahlen. In den Wohnungen dieser drei wurden meist die Schulungen durchgeführt. Als Scholz im August 1939 einer Einladung folgend nach England fuhr, stand die Gruppe ohne Führung da, aber nicht lange: Scholz leistete der Aufforderung der deutschen Regierung an die im Ausland weilenden Landsleute Folge und kehrte zurück. Die Gruppe war zwar überrascht, aber froh, ihn wiederzuhaben. Daß Scholz in England Kontakte wegen Unterstützung der Freiheitsbewegung aufgenommen hat, ist eher unwahrscheinlich. Sicher hingegen ist, daß Scholz die Absicht hatte, Beziehungen zum Ausland aufzunehmen. Dazu gab es Ansätze, vor allem in der französischen Gesandtschaft in Budapest, doch war die Zeit zu kurz, um konkrete Ergebnisse zu erzielen. Die gefährlichste Aktion in dieser Richtung waren die Legitimationen, die Kaplan Ignaz Kühmayer im Auftrag von Scholz auf photochemi-

Tag und Nacht brennenden Licht«. An den folgenden Tagen wurden die Verhöre fortgesetzt, so lange, bis Scholz alles zugeben mußte, was Hartmann verraten hatte.

»Und dann begann unsere Odyssee durch die Gefängnisse des Großdeutschen Reiches. Die erste Station war das Landesgericht Wien ›Wanzing‹, wohin wir nach viereinhalb Monaten Polizeihaft überstellt wurden, damit wir besser hungern und frieren können.«

Das Wiener Landesgericht hatte von den Häftlingen den Beinamen »Wanzing« erhalten; die dortige Wanzenpopulation wurde von keinem anderen Gefängnis übertroffen.

Scholz fährt fort: »Besuche bei Gefangenen sind ein zweischneidiges Ding. So sehr es einen beglückt, wieder einmal einen teuren Menschen zu sehen, so herzzerreißend ist der Jammer, den der Anblick im Besucher erweckt. All das Verlorene wird jäh lebendig, die ganze Hoffnungslosigkeit der Lage bewußt. Ich habe mutige Männer wie Kinder weinen sehen, wenn Mütter, Gattinnen und Bräute auf der anderen Seite des Gitters standen und sie ihnen nicht einmal die Hand reichen konnten, ja kaum das von Tränen entstellte und von den Maschen des Netzes verzerrte Antlitz auszumachen vermochten. Und wenn sie sich ermannt hatten und reden wollten, schnitt das ›Schluß‹ des Schergen jedes weitere Wort ab. Es dauert lange, ehe man in der Dumpfheit der Zelle den Gleichmut errungen hat nach solchen aufwühlenden Minuten.

Im Juli 1941 wurden wir mit etwa 80 Kameraden nach Anrath deportiert, staunenswerterweise in einem mächtig fahrenden Schnellzugswagen ... Allen waren die Augen feucht, als wir von Wien Abschied nahmen. Würden wir es jemals wiedersehen? ... Noch einmal grüßten uns Freiheit und Leben, breitete die Heimat ihre Reize vor uns aus ... Wie wir diese Erde liebten! Wie stolz wir waren, für sie leiden zu dürfen! Wie krampfte sich unser Innerstes zusammen, als wir über den Inn rollten, hinein ins Reich der Bedrücker. Dann folgte die Hölle des Hungers und der Schi-

kanen in Anrath, dem gottverfluchten Nest am Nieder-
rhein, das unsere erste Fron sah ... Wir hielten durch. Es
verleiht Gigantenkraft, wenn man weiß, wofür man duldet.
Im November wurden wir in Gruppen aufgelöst und auf
verschiedene Stadtgefängnisse aufgeteilt.«
Scholz kam nach Hamborn und erhielt Fritz Lehmann als
Zellennachbarn: »Hier ging es uns leidlich. Wir hatten
wieder Bücher und Schreibgelegenheit, mehr Freizeit und
die Erlaubnis, Kräftigungsmittel zu erhalten. Aufgewogen
wurde das freilich durch die noch mangelhaftere Ernährung und die ausgiebigen Bombenangriffe. Es ist ja kein
gerade erhebendes Gefühl, wohlverwahrt in einem Käfig
zu sitzen, aus dem man auch nicht hinaus kann, falls das
Gebäude auf den unerfreulichen Gedanken kommt, in
Brand zu geraten. Und gegen eine Sprengbombe ist ein
Dach ebenfalls nicht der allerbeste Schutz. Aber man ge-
wöhnt sich auch daran, zumal, wenn man ein Telephon
hat. Das macht sogar die Einzelhaft erträglich ...
Es handelt sich natürlich um das WC. Pumpt man das Wasser der Gasfalle mit dem Putzwedel aus, so kann man mit
allen, die am selben Rohr hängen, mehr oder weniger gut
sprechen. Diese Art des Telephonierens hat begreiflicherweise auch ihre Nachteile. Wird man erwischt, kostet es
Dunkelarrest. Ferner braucht man eine Nase, die vor keinem Wohlgeruch Arabiens zurückschaudert, und schließlich gehören Nerven wie Drahtseile dazu, von wegen der
Nebengeräusche ... Auch daß eine Belegschaft von 950
Mann gelegentlich das Telephon benützt, selbstverständlich nicht zum Reden, leuchtet ein. Aber daß ein Volk, das
wahrhaftig nichts zu Fressen hat, den ganzen Tag, will sagen von Mitternacht bis Mitternacht, ununterbrochen
scheißt, ist eine Durchbrechung aller Naturgesetze. In
Hamborn-Brunzbüttel ist jedenfalls das Perpetuum mobile
nicht erfunden, sondern längst in Betrieb ...
Doch allen Gewalten zum Trutz unterhielten wir uns am
Telephon. Stunden um Stunden wurden hier gebührenfrei

verdiskutiert. Nichts, wovon Männer reden können, blieb unbesprochen. Es würde Bände füllen, all das auch nur zu erwähnen: Religion und Philosophie, Kunst und Politik, tragisches Erleben und derbste Possen, zartestes Erinnern und heilige Erbitterung. Ein jedes hatte seine Zeit. Ideen wurden geboren und Dichtungen angeregt. Kann sein, daß das Telephon von Hamborn-Brunzbüttel die Wiege mancher großer Dinge ist, wie einst die ›Kloake zu Wittenberg‹.

Irrsinnige haben gebrüllt, ein paar Zellen weiter. Eine typhoide Seuche hat uns niedergeworfen. Es ist ein Ringen auf Leben und Tod gewesen für den erschöpften Organismus. Zu Dutzenden sind lebendige Skelette (Gewicht knappe 20 kg) im eigenen Kote verfault, so daß man die Leichname mit der Gasmaske herausholen mußte. Tagtäglich sind die ominösen schwarzen Kisten auf einem Handwagen fortgeschoben worden, im selben, mit dem man nachher den verfaulten Spinat brachte, den wir zum Essen bekamen.

Wir haben indessen mit Gott um den Sinn dieses Wahnsinns gerungen, um die Deutung des großen Totentanzes da draußen. Wir haben die Antwort auf alle Fragen gefunden, keine kalte philosophische – die gibt es nicht! –, sondern eine herzenswarme sittliche: die erlösende Allmacht der reinen Menschenliebe, der Agape ...«

Scholz singt dann ein Lob auf die beiden Greteln. Die eine, Grete Gergasevic, war der »Engel« Romans, die andere, Grete Frühauf, der von Fritz Lehmann. Über die beiden schreibt Scholz:

»Nun will ich das Hohelied zweier tapferer Wienerinnen singen, welche die Engel unserer Gefangenschaft geworden sind. Gretl heißen sie beide, die 17- wie die 19jährige. Wir kannten sie einst kaum, da sie zu unseren Füßen saßen unter den vielen anderen und unserem Worte lauschten. Menschen, welche uns nahe und am nächsten standen, haben uns kläglich im Stiche gelassen, die zwei

---

haben sich zu uns bekannt, aus keinem anderen Grunde, als weil sie wußten, daß wir einsam und verlassen waren, und weil sie das Vaterland ebenso liebten wie wir. Sie haben uns geschrieben, liebe aufmunternde Worte. Sie haben uns geholfen, wo sie es vermochten. Sie sind mutig zu den Mächtigen gegangen in der fremden, bösen Weltstadt. Sie waren verzweifelt, daß es keine Hoffnung auf Freiheit für uns gab. Dann haben sie uns besucht, haben uns tausend Freuden gemacht, uns den Gruß der Heimat gebracht. Sie sind heiter und gesprächig gewesen, um uns nicht das Herz schwerer werden zu lassen, als es schon war. Und nach dem Abschied haben sie bitterlich um uns geweint. (Oh, wir haben es erfahren!)«

Grete Gergasevic war eine ehemalige Schülerin Romans. Ihre Eltern waren mit Scholz befreundet und sehr national eingestellt. Die Verhaftung Romans und die elende Behandlung, die er erfuhr, erbitterten sie. Die Tochter erhielt die Erlaubnis, sich des Verfolgten anzunehmen. Sie hat dies mit rührender Selbstlosigkeit getan, nahm die für die damalige Zeit so beschwerlichen und langen Reisen auf sich, um Roman Stärkungsmittel zu bringen und mit Hilfe eines wohlgesinnten Wärters Briefe sowie Schriften aus dem Gefängnis zu schmuggeln sowie Briefe von zu Hause dem sich nach Lebenszeichen aus der Heimat Sehnenden zukommen zu lassen. Sie machte Wege für ihn zu den Behörden und zu Romans Bekannten. Nichts war ihr zu beschwerlich, wenn sie dadurch Scholz einen Dienst erweisen konnte

In Hamborn entstand auch das Gerücht, es sei Scholz das Angebot gemacht worden, zur Wehrmacht einzurücken. Er habe es jedoch abgelehnt. Daß es nur ein Gerücht war, geht schon daraus hervor, daß die Gestapo den Gründer und Führer einer Widerstandsbewegung nicht auf freien Fuß setzen konnte, und sei es als Soldat, während die Verführten weiter im Kerker bleiben mußten. Es gibt auch nicht den geringsten Hinweis in einem der vielen aus dem

Gefängnis geschmuggelten Briefe Romans, was sicherlich der Fall gewesen wäre, wenn ein solches Angebot an ihn herangetragen worden wäre. Auch zeugt es von totaler Unkenntnis über die Verfahrensweise gegenüber politischen Häftlingen im Dritten Reich. Bedauerlicherweise hat Edda Pfeifer in ihrer Dissertation dieses Gerücht als Tatsache hingestellt, was deshalb bedenklich ist, weil dadurch Scholz in ein Zwielicht gerät. Sie hat noch ein weiteres Gerücht als Tatsache hingestellt, daß nämlich ein bewilligtes Gnadengesuch erst eine Stunde nach der Hinrichtung Romans im Wiener Landesgericht eingetroffen sei. Auch dafür gibt es kein einziges Beweisstück. Schließlich behauptet sie noch, ich hätte nach der Aussage einiger Mitglieder die Funktion eines politischen Leiters der NSDAP in meinem Bezirk innegehabt. Das ist blanker Unsinn, erstens hätte ich eine solche Stellung gar nicht angenommen, zweitens hätte ich gar keine Zeit dazu gehabt. Dabei wäre es für Pfeifer leicht gewesen, das Gerücht auf seinen Wahrheitsgehalt zu überprüfen. Ein Anruf bei mir hätte alles geklärt.

Am 25. Juli 1940, ich war den zweiten Tag eines dreitägigen Urlaubs zu Hause, erschien ein schlankes, blondes, bildhübsches Mädchen, stellte sich als Nichte des hohen SA-Führers Reschny vor und bat mich, ich solle etwas für ihren Freund, Dr. Smekal, tun, einen ehemaligen Schulkameraden von mir, der verhaftet worden sei. Ich war überrascht und skeptisch zugleich. Überrascht nicht nur über die Verhaftungen, sondern auch über die Situation, daß mich die Nichte eines mächtigen Mannes um Hilfe bat, wo ich selbst bald Hilfe benötigen würde, skeptisch, ob dahinter nicht eine Falle stünde, in die ich tappen sollte. Ich antwortete deshalb, ich hätte von nichts eine Ahnung, was auch der Fall war, und sie möge sich doch an ihren Onkel wenden. Auch müsse man abwarten, was überhaupt aus der Sache herauskäme. Ich hörte nie mehr etwas von ihr. Nach ihrem Weggang machte ich mich sofort daran, die beiden Hitler-Bücher von Rauschning, die zweifellos ein belastendes Material gewesen wären, aus der Wohnung zu entfernen. Schriftlich hatte ich nichts bei mir, weil ich, als ich einrücken mußte, alle Aufzeichnungen vernichtet hatte. Am nächsten Tag begab ich mich zu meiner Einheit nach Hollabrunn. Ich nahm an, daß ich im Juni meiner Verhaftung nur deshalb entgangen war, weil die Gestapo die Adresse meiner Kompanie hatte. Am selben Tag, als ich schon im Zug saß, kamen Gestapo-Beamte in unsere Wohnung, fragten nach mir, durchsuchten alle Kästen und Kommoden, fanden aber nichts und rückten wieder ab.

In der Kaserne war noch keine Anzeige eingegangen, und mein Kompaniechef schickte mich zur Bewachung in ein Gefangenenlager in der Nähe von Langenlois, wo sich französische Kriegsgefangene befanden. Zehn Tage später wurden wir zu zweit mit einer Gruppe von zwanzig Franzosen nach Krimml im Lande Salzburg abkommandiert, wo die Gefangenen auf den umliegenden Almen arbeiten mußten. Mit ihrem Sprecher vereinbarte ich, daß wir uns gegenseitig keine Schwierigkeiten bereiten würden, vor allem sollten die Franzosen keine Fluchtversuche unternehmen, weil Deutschland fast ganz Europa besetzt und mit den Sowjets ein Abkommen geschlossen hatte. Flucht würde Tod oder strenge Haft bedeuten. Beidem wäre eine unbewachte Arbeit auf den Almen vorzuziehen. Die Franzosen waren über Nacht in einer Scheune untergebracht. Wenn sie etwas benötigten, versuchte ich, ihre Wünsche zu erfüllen. Morgens und abends zählte ich ab, ob die Zahl noch stimmte, und ließ sie sonst in Ruhe. Mein Kamerad und ich machten abwechselnd Wanderungen in die wunderschöne Gebirgswelt. Ich genoß die Freiheit, von der ich wußte, daß sie nicht lange dauern würde. Das Wandern und Bergsteigen verdrängten die Sorge um die Zukunft. Doch schon nach acht Tagen erreichte mich der Befehl, in die Kaserne zurückzukehren.

In Hollabrunn empfing mich mein Kompaniechef freundlicher, als ich befürchtet hatte, und teilte mir mit, daß von der Gestapo ein Schreiben eingelangt sei, in dem behauptet werde, ich sei Mitglied einer Widerstandsbewegung. Er müsse mich deshalb verhören. Ich tat überrascht und meinte, daß es sich um eine Verwechslung handeln müsse, worauf der Hauptmann antwortete, daß auch er dies glaube und deshalb mich zum Feldheer überstellen werde. Es werde dann einige Zeit dauern, ehe meine Feldpostnummer der Gestapo bekannt sei. Bis dahin müsse sich alles klären. Ich bedankte mich für soviel Verständnis und Vertrauen und rückte schon am nächsten Tag nach Oppeln zum Feldheer ein.

Abgesehen von der Tristesse der Gegend, fühlte ich mich in Oppeln für einige Zeit geborgen. Der Verhaftung würde ich nicht entgehen, das was mir klar; also bedeutete jede Woche in Freiheit ein Gottesgeschenk. Ich nahm an, daß die Gestapo bis zu meiner Verhaftung die meisten Gefangenen verhört haben würde, so daß ich praktisch nur ja oder nein zu sagen brauchte. Die ersten Verhafteten haben es immer schwerer, ihnen werden die Aussagen nach langen Verhören herausgelockt oder herausgeprügelt. Auch sind Intellektuelle viel eher bereit zu reden als Arbeiter, vor allem, wenn diese eine kommunistische Schulung hinter sich haben.

Wie erwartet traf im November 1940 bei meiner Kompanie das Schreiben der Gestapo ein mit der Aufforderung, mich zu verhören und dann ins Wiener Militärgefängnis in der Hardtmuthgasse einzuliefern. Ein Oberleutnant nahm das Verhör vor, das zu nichts führte, womit er sich zufriedengab. Auch die Einvernahme der Kompanie brachte nichts ein. Die Unteroffiziere und Mannschaftskameraden sagten alle so ziemlich das gleiche aus. Ich sei ein ruhiger Mensch und fairer Kamerad, und sie könnten nicht glauben, daß ich ein Verräter wäre. Da ich mich im Nebenzimmer der Holzbaracke befand, konnte ich alles mithören.

Eine Sache aber sollte mir noch schwere Stunden bereiten. Im Schreiben der Gestapo wurde auch mitgeteilt, daß in den Militärröcken eine Legitimation eingenäht wäre, in der in englischer und französischer Sprache mitgeteilt werde, daß der Inhaber dieser Legitimation Mitglied der »Österreichischen Freiheitsbewegung« sei. Man fand zu meiner Überraschung tatsächlich einen eingenähten Zettel, dessen Inhalt nicht mehr zu entziffern war. Auf jeden Fall konnte es nicht die Legitimation sein, weil der Zettel zu groß war und nur zwei Worte, wahrscheinlich der Name des früheren Inhabers, daraufstanden. Man ließ den Zettel im Rock und teilte der Gestapo mit, daß er unleserlich sei.

Zwei Unteroffiziere begleiteten mich nach Wien. Ehe sie mich im Militärgefängnis ablieferten, ließen sie mich liebenswürdigerweise, wenn auch sichtlich ein wenig ängstlich, telefonieren, so daß ich meine Leute verständigen konnte. Als ich mich beim Gefängniskommandanten, einem Hauptmann, meldete, sprach er mich mit den Worten an: »Wie kann ein so junger Mensch, der noch die Zukunft vor sich gehabt hätte, gegen etwas kämpfen, dem die Welt gehören wird!« Ich schwieg, was sollte ich auch sagen.

Im Militärgefängnis ging es mir im Vergleich zu meinen späteren Gefängnisaufenthalten verhältnismäßig gut. Ich konnte lesen, schreiben und dichten. Im Winter 1941 holte mich die Gestapo zur Einvernahme ab. Inzwischen hatte ich mir meine Taktik zurechtgelegt. Sie war die übliche. Ich würde von Anfang an leugnen und herauszufinden versuchen, was sie durch die Aussagen anderer bereits wüßten. Mein zuständiger Referent hielt sich für besonders klug. Als ich mich anfangs, wie beabsichtigt, unwissend stellte, begann er, mir genußvoll die Aussagen meiner Mitgefangenen vorzulesen, so daß mir nichts übrig blieb, als ziemlich alles zuzugeben. Ich wehrte mich nur gegen die Beschuldigung, die Legitimation erhalten zu haben, und sagte aus, daß Fritz Lehmann, mit dem ich persönlich befreundet sei, von mir weder feindliche Nachrichten übermittelt noch hitlerfeindliche Bücher bekommen hätte. Lehmann meinte später in einem Interview mit dem ORF-Reporter Fischer-Karwin, daß ich ihm durch meine Aussage das Leben gerettet hätte. Das halte ich für übertrieben, wohl aber sind ihm durch meine Aussage einige Jahre Gefängnisaufenthalt erspart geblieben.

Einige Tage nach dem Verhör wurde ich ins Wiener Landesgericht eingeliefert, das, wie schon mitgeteilt, von den Insassen Wanzing genannt wurde. Man teilte mich der Gruppe zu, die vom Militär weg verhaftet worden war. Hier lernte ich Hans-Georg Heintschel-Heinegg kennen, der für einige Zeit mein Zellengenosse wurde. Er klärte mich über alles auf, was sich in der »Österreichischen Freiheitsbewegung« ereignet hatte, seit mein Kontakt zu ihr abgebrochen war. Die meisten Personen, die inzwischen führende Positionen eingenommen hatten, waren mir unbekannt. Von Scholz erhielt ich einen Kassiber, in dem er mich um Verzeihung bat, daß er mich durch seine Aussagen mehr hineingezogen habe, als notwendig gewesen sei, doch habe er geglaubt, mir wäre die Flucht gelungen, nachdem ich nicht gleich nach ihm verhaftet worden sei. Ich antwortete ihm, er solle sich meinetwegen keine Sorgen machen, es gehe mir rebus sic stantibus gut, und ich hoffe, ihn bald in Freiheit wiederzusehen. Das war unser letzter Gruß.

Vom Landesgericht kam ich in das Gefängnis in der Schiffamtsgasse und von dort nach München-Stadlheim. Dank der Erlaubnis meines Untersuchungsrichters Dr. Jahoda durfte ich auf Außenarbeit in eine Holzfaserplatten-Fabrik in Dachau. Hier stieg ich die Berufsleiter vom Plattenträger – bei dieser Arbeit zog ich mir eine Schulterverrenkung zu – über Gemüseputzer und Tischlergehilfe zum Mitarbeiter im Architekturbüro auf, wo mich die Chefsekretärin, eine reizende Münchnerin, mit Essen versorgte und Briefe vermittelte. Diese Art Ferien vom Gefängnis gingen leider zu Ende, als die Anklageschrift eintraf. Ich mußte zurück ins Gefängnis von München-Stadlheim, wo mir die Anklageschrift ausgehändigt wurde. Die Lektüre verursachte mir einen Schock. Ich war nicht nur wegen Vorbereitung zum Hochverrat angeklagt, was die Richter des Volksgerichtes bei bürgerlichen Häftlingen mit langjähriger Zuchthausstrafe ahndeten, sondern auch wegen Landesverrats, worauf die Todesstrafe stand. Jener nicht zu entziffernde Zettel in meinem Militärrock wurde einfach zur Legitimation erklärt. Weil der Rock nach meiner Entlassung aus dem Militärgefängnis zur Einheit zurückgeschickt worden war, gab es kein Corpus delicti, aber auch nichts, was ich als Beweis meiner Unschuld hätte beibringen können. Ich befand mich in einer verhängnisvollen Lage. Als in der Nacht ein schwerer Luftangriff auf München erfolgte, wünschte ich heimlich, eine Bombe möge das Gefängnis treffen und allem ein Ende bereiten. Mein Anwalt Dr. Wölfl suchte mich in München auf und erkundigte sich, wann und von wem ich die Legitimation erhalten habe. Ich sagte ihm, ich hätte nie eine erhalten, und erzählte die Geschichte, wie sie sich abgespielt hatte. Er meinte nun, ich sollte mir keinen allzu großen Kummer machen. Er sehe zwei Möglichkeiten eines Auswegs. Er kenne noch aus Burschenschaftszeiten einen Reichsanwalt in Berlin, den er aufsuchen werde. Sollte dies erfolglos bleiben, dann würde er nach der Verurteilung ein Gnadengesuch einreichen, das meine Lehrer Srbik und Nadler unterstützen sollten.

Der Anwalt, der von Paris, wo er einen Soldaten zu verteidigen hatte, nach Berlin reiste, fand den Reichsanwalt mit einer Schaufel inmitten der Trümmer seines Hauses grabend, das in der Nacht von Bomben getroffen worden war. Er bot seine Hilfe an und schenkte zum Trost dem Reichsanwalt eine kleine Kiste mit französischem Cognac. Auf die Frage des Reichsanwaltes, wie er sich revanchieren

Mutter, die übrigens Scholz hochschätzte, daß ein intensiver Briefverkehr mit einem Häftling die Tochter in Schwierigkeiten bringen könnte. Sicher hatte sie Angst um Traudls seelisches Gleichgewicht.

Roman war zerschmettert. Daß diese Liebe für ihn »eine Frage auf Leben und Tod« war, lassen die Gedichte erkennen, von denen zwei hier angefügt sein mögen.

Hoher Eros

Du schwebst vor mir: ein makelloses Bild,
voll keuscher Anmut und voll holder Würde,
madonnenhaft und mandorlaumhüllt.
Ich habe nie mit niederer Begierde,
(auch nur von fern und heimlich),
Dich entweiht.
Wohl liebe ich Dich reif mit allen Sinnen,
doch ist es eine hehre Sinnlichkeit,
wohl möchte ich dereinstens ihn gewinnen,
als süßsten Preis, den wunderbaren Leib,
doch inniger begehr ich Deine Seele,
Du meinem Wesen zubestimmtes Weib.
Oh, ahntest Du, wie ich mich bange quäle,
es könnte eines Frevlers geile Gier,
ans zarte Wunder Deiner Reinheit rühren.
Ach, wäre ich gerade jetzt bei Dir!
Ich würde Dich durch alle Fährnis führen,
mit fester, längst vom Leide weiser Hand.
Und wann der Gnade große Stunde käme,
dann wiese ich Dir das gelobte Land.
Bis ich Dich endlich in die Arme nähme,
die Lippen küßte, die noch nie geküßt,
(des hohen Eros demutvoller Myste,
der Dir der Liebe Adyton erschließt),
Dich Glück und Krone meines Manntums Büste.

Der Traum ist aus

(Das letzte der Goneril-Lieder)

Wie magst Du, Herz, so töricht sein,
noch immer nicht zu glauben,
es könnte dir der liebste Mensch
das Allerletzte rauben?

Begreife doch: sie will dich nicht.
Nicht kindisch sein und grollen!
Wie kann das junge Leben den
zum Tod Verfallnen wollen.

Was frommte, wenn ich Lied um Lied
und Brief auf Brief ihr schriebe?
Sie findet nicht einmal ein Wort
als Dank für unsre Liebe!

So weh es tut: der Traum ist aus,
sein schönes Glück in Scherben.
Du kannst nicht leben ohne Traum?
Getrost, wir gehn bald sterben!

Das Weilchen wollen wir tapfer sein,
gelassen weise scheinen.
Nur heimlich darfst Du, armes Herz,
und ganz verstohlen, weinen.

Diese Gedichte zeigen, wie es um ihn gefühlsmäßig stand.
Seine Briefe liefern dazu ein gedankliches Gegenstück.
Sein erster Brief mit dem Datum vom 11. März 1943 ist an
William gerichtet: »Dein Brief hat wieder einmal an ein
heikles Thema gerührt. Daß wir uns nicht einigen werden,
ist ebenso klar, wie daß Dein Standpunkt rechtlich unan-
fechtbar ist, den alle teilen, nicht nur die Eltern, gewiß
auch das Mädchen selbst. Ich gebe mich hier keiner Illu-
sion hin. Ich kenne Macht und Einfluß des Altehrwürdi-
gen, mit sakralem Nimbus Umgebenen, vermag ich mich

mich allein. Ich bin in den Jahren, wo sich der Mann nach nichts mehr sehnt, als nach Weib und Kind und Heim. Es ist verflucht schwer, einsam zu sein, wenn man langsam älter wird.«

Traudls Brief hat jedenfalls die seelischen Höllenschmerzen Romans beendet. Er begnügt sich damit, daß sie sein kleiner Freund sein will. Für sich selbst aber erhöht er sie zu seiner Beatrice. In jedem Brief, den er noch an William und Gretl absendet, läßt er Traudl, seinen kleinen Traum, grüßen. Und den letzten Gruß überhaupt, vor seinem letzten Gang in die dunkle Nacht, schickt er seiner ewigen Geliebten:

»Leb wohl, kleines Lieb, vorm Sterben. Dein Dichter.«

Das künstlerische Ergebnis dieser grenzenlosen Liebe, die ihn im Gefängnis überfallen und überwältigt hat, sind drei Werke: Goneril, die Goneril-Lieder und das Bühnenstück »Zu spät?«. Das wertvollste dieser drei Werke ist die Erzählung »Goneril, die Geschichte einer Begegnung«, erschienen als Buch in Wien 1947. Scholz selbst nennt sie in einem Geleitwort an William Harden das »zarteste Kind« seiner Muse. Goneril ist »kein Roman, keine Novelle, keine lyrische Weise. Sie hat von vielem etwas: von der fabulierenden Prosa, vom behaglichen Humor, von dem Aquarell des Bukolikons, von der Weisheit der Gnome, vom Rhapsodischen der Verkündigung, vom Läuternden der Tragödie, vom Wohllaute des Liedes ... sie ist die ewig neue uralte Sage von den zwei Königskindern, die nicht zueinander kommen konnten, weil die Wasser zu tief waren.«

Die Erzählung schildert das Erlebnis des österreichischen Mönches Christian während seines Aufenthaltes in einem englischen Landhaus, wohin ihn ein Amtsbruder eingeladen hatte. Dort lernt er Goneril kennen, ein seltsames Mädchen, in das der Mönch in Liebe entflammt und auf Gegenliebe stößt. Die Erzählung enthält schöne Naturbeschreibungen, philosophische Gedanken, Einblick in das

englische Landleben und eine von einem starken Eros erfüllte Schilderung der aufkommenden Liebe zweier Menschen. Die Erfüllung liegt letztlich in der Entsagung.

Beide, das Mädchen und der Mann, sind idealisierte Wesen, Christian ist Roman, wie dieser gerne sein möchte,
Goneril ist sein »Traum«, sein Phantasiegeschöpf, das die
Züge von Traudl, aber auch anderer Mädchen trägt, die in
Romans Leben eine Rolle spielten. Die Erzählung ist zuge-
siedelt im Bereich des Märchens. Die Schönheit des Stils
deckt sich mit der Zartheit der Gefühlswelt, der Farbigkeit
der Naturschilderungen. Hier ist Scholz ein wirklicher
Poet.

Die Wirklichkeit, wie sie sich abgespielt hat, ist wesentlich
konkreter. Roman wurde August 1939 von einem englischen Lord, den er in Klosterneuburg während einer Führung durch das Stift kennengelernt hatte, in dessen Schloß
eingeladen. Dort waren zu gleicher Zeit zwei Schwedin-
nen zu Gast. Bei der Empfänglichkeit Romans für blonde
Frauen ist es wahrscheinlich, daß er sich in eine verliebt
hat. Dieses reale Erlebnis hat er mit der seelischen Er-
schütterung, die ihm die Liebe zu Traudl bereitet hat, in
einer wundersamen Erzählung zu verbinden gewußt. Die
Zartheit erwachender Liebe, die verklärte Mädchenge-
stalt, das schmerzliche Überwinden der Leidenschaft, bereitet beim Lesen Freude, Glück und Wehmut.

Roman widmete Traudl auch das Theaterstück »Zu spät?«.
Der Schriftsteller Paul, der aus politischen Gründen gefan-
gengehalten wurde, ist nach seiner Befreiung überaus erfolgreich als Autor von Theaterstücken. Er nimmt eine Bekannte, Sonja, die er schon als Kind kennenlernte, und die
nun eine Schauspielerin geworden ist, in sein Haus auf
und schreibt für sie schöne Rollen, in denen sie Triumphe
feiert. Er liebt sie, macht aber ihr gegenüber nie eine An-
deutung, weil er sich in der Haft eine unheilbare Lungen-
krankheit zuzog. Erst als ihm der Arzt mitteilt, daß seine
Tage gezählt sind, kommt es zwischen Paul und Sonja zum

Liebesgeständnis und zur körperlichen Vereinigung, woran Paul stirbt. Er lebt jedoch in dem Kind weiter, das er in der Liebesnacht gezeugt hat.

Das Stück ist nur zu verstehen, wenn man weiß, daß es ein Gefangener geschrieben hat. Weit mehr als in »Goneril«, wo ein persönliches Erlebnis die Grundlage bildet, sind die Personen im Stück Schemen ohne Fleisch und Blut, obwohl ihnen lebende Menschen als Vorlage dienen. Die Hauptpersonen haben keinen Fehler, sind Idealgestalten. Paul ist wieder Roman, wie er gerne sein möchte: edel, souverän, gütig, ein großer Dramatiker und ein Held. Sonja wiederum ist Traudl, wie Roman sie sehen, oder besser noch, haben möchte.

Das Stück schildert eine Welt, in die kein Böses eindringt. Es ist keine bedeutende Dichtung, aber aufschlußreich für die Erfassung von Romans Persönlichkeit. Roman verteidigt sich gegen zu erwartende Vorwürfe:

»Daß mein ›Zu spät?‹ unmoralisch ist (wie der Autor), daß ich die Ehe als bürgerliche und religiöse Einrichtung herabsetze, ... daß ich eine uneheliche Mutter glorifiziere, erachte ich als Ehre ... daß mich die Christen einen Heiden, die Heiden einen Christen, die Narren einen Spießer, die Spießer einen Narren, die Krethi Plethi und die Plethi Krethi heißen werden, trage ich mit der Ruhe eines hartgesottenen Sünders. ›Zu spät?‹ ist im Kerker entstanden. In den ersten zehn Dezembertagen des Jahres 1942 habe ich es hingeschrieben und ihm die vorliegende Fassung gegeben. Wie immer war mein Freund William Harden mein bühnenkundiger Berater.«

Scholz hat noch einige Werke geschrieben, doch sind sie entweder Torso geblieben wie die »Verschworenen Herzen« oder eher mißlungen wie das Lustspiel »Liebesbrille«. Ein Werk möchte ich aber noch erwähnen, die als Tragikomödie betitelte Erzählung »Zwei Männer suchen eine Frau«. Scholz und Lehmann erzählen einander durch das Gefängnisklo Liebesgeschichten, die Scholz niederschreibt, und zwar unter dem Namen René de Beauclair: Er kommt aber selbst als Ernst Engel in den Geschichten vor, während Lehmann als Armand Bleibtreu aufscheint. Es sind reizende Schilderungen, »ein Rosenkranz von Liebesgeschichten, als Auriole um das Haupt der Helden gewunden«. Sie sind voll Witz und Charme, sentimental und ironisch bis sarkastisch, erfrischend und erotisierend. Dazu Frauen, die zum Angreifen und Küssen und Lieben sind. Auch saftige Gestalten, wie die dicke tschechoslowakische Wirtschafterin Philomena, die nicht nur ausgezeichnet kocht, sondern bisweilen auch den Hausdrachen spielt, kommen vor. Viele versteckte Traumplätze des Wienerwaldes lernt man während des Lesens kennen und einige philosophische Erörterungen über alles mögliche, hauptsächlich über Frauen, bilden die besinnlichen Abschnitte des Werkes.

Zum Dichter tritt der Wissenschafter Scholz.
Eine Schrift, die ich besonders hoch schätze, ist seine Arbeit »Das Alte Testament im Neuen Mittelschulunterricht«. Die Bibel und das biblische Volk sind hier so anschaulich dargestellt, daß man gerne zum Alten Testament greift, um es immer wieder zu lesen. Obwohl Scholz über siebzig Bücher aufzählt, die ihm als Grundlage dienten, merkt man dem mit viel Liebe zum Stoff und im flüssigen Stil geschriebenen Werk die Gelehrsamkeit nicht an.
Roman Scholz' Dissertation, »Der zeitgeschichtliche Rahmen der Judith-Erzählung. Unterlagen zu Judith cc 1–3«, wurde am 15. März 1938 vom Prodekan der Theologischen Fakultät an Professor Gabriel weitergeleitet. Da sie nicht approbiert wurde, ist sie weder in der National- noch in der Universitätsbibliothek vorhanden. Erst in der Niederlassung der Theologischen Fakultät konnte ich sie entdecken. Der Grund, weshalb sie nicht approbiert wurde, ist unbekannt, möglicherweise stecken politische Gründe dahinter.

Die Arbeit selbst steht wissenschaftlich auf hoher Stufe und erbringt den Nachweis der Geschichtlichkeit der Judith-Erzählung. Sehr interessant finde ich den letzten Absatz der Dissertation. Schon hatten die ersten Ausschreitungen gegen die Juden nach dem Anschluß stattgefunden, und der Illegale Roman Scholz schreibt:

»So passen sich nicht nur die drei Kapitel, sondern auch der Schluß des Buches Judith so wundervoll in den Rahmen der Zeitgeschichte ein, daß jeder vernünftigen Kritik klarsein muß, wie wahrheitsgetreu dieses Buch das große Weltgeschehen schildert und widerspiegelt, verklärt freilich von der tiefen Glaubensüberzeugung der Juden, daß Jahwe im Laufe dieser Wirren ein schwaches Weib zum Werkzeug seiner Pläne machte, so wie er ja auch – und hier wächst, wie gesagt, der Name der Heldin und ihre Gestalt ins Symbolhafte – ein schwaches Volk auserwählte, wie er seit je das Schwache sucht, um das Starke zuschanden zu machen.«

Die Dissertation bestärkt mich in meiner Ansicht, daß die Begabung für die Wissenschaft die eigentliche Stärke von Roman Scholz ist. Er selbst hielt sich für einen großen Dichter, doch hier überschätzt er sich wohl ein wenig.

Ich habe hier vieles aus den Briefen von Scholz zitiert, die beim Leser, der sich kaum in das Gefängnisleben von damals hineinfühlen kann, eine falsche Vorstellung vom Charakter des Priesters hervorrufen könnten. Man bedenke, ein junger, außerordentlich begabter Mann wird aus allem herausgerissen, was ihm lebenswert erscheint, muß hungern und frieren und leidet unter der Einsamkeit. Zwar kann ihn Fritz Lehmann etwas aufmuntern und zum Dichten anregen, auch die Opferbereitschaft von Grete Gergasevic spendet ihm Trost, doch dann kommt dieses Traumerlebnis und macht ihn unsagbar traurig und glücklich zugleich, versetzt ihn lange Zeit in eine Traumwelt, die ihn die Realität doppelt schmerzlich empfinden läßt. Es ist die Schönheit, an die er sich klammert, und wer an den schrecklichen Tod durch das Fallbeil denkt, der wird ermessen, durch welche seelische Hölle Roman Scholz gehen mußte. Der wird ihm auch die Bezeichnung Märtyrer nicht absprechen wollen.

Romans Vielseitigkeit zeigt sich auch in der Konzeption einer neuen Weltordnung, dem sogenannten Syndikalismus. Das Wort leitet sich vom griechischen Syndike ab, was übersetzt Gerechtigkeit heißt. Er stellt kein geschlossenes Weltbild dar, sondern ist nur die Verwirklichung dessen, was göttliches Recht und gesunder Menschenverstand fordern. Er dient dem Wohle der Völker ebenso wie dem des Einzelmenschen. Er ist eine soziale und politische Ordnung, in der die Gewalt von dikokratischen Körperschaften (Syndikaten) ausgeübt wird und unter Aufsicht hoher Gerichtshöfe und ihrer Bevollmächtigten (Syndizi) steht. Die höchste Macht in dieser Weltordnung, in welcher Freiheit, Friede und Gerechtigkeit herrschen, ist der Weltgerichtshof, der dem aufgrund einer dikokratischen Verfassung regierten Bund aller Völker vorsteht.

Der Syndikalismus tritt für die gerechte Verteilung der Reichtümer dieser Erde ein, an denen jede Nation und jeder einzelne ihren gerechten Anteil haben sollen. Für jede Nation gilt die Selbstbestimmung und Unabhängigkeit, die nur durch die Oberhoheit des Weltgerichtshofes beschränkt sind.

Die Dikokratie ist die Herrschaft des Rechts. Es gibt Syndikate göttlichen, internationalen, nationalen und staatlichen Rechts. Diese neue Weltordnung sieht vor, daß alle Wirtschaftsmittel ins Eigentum oder in die Treuhänderschaft der Syndikate überführt werden. Das bedeutet nicht das Ende des Privateigentums, wohl aber das Ende des Großkapitals. Jedem ist Besitz garantiert, nur Mißbrauch wird verhindert. Die Rohstoffe sollen sinnvoll verteilt werden. Über den Bildungsweg entscheiden einzig Begabung und Leistung, nicht aber Mittel und Stellung der Eltern. Die Erziehung dauert vom sechsten bis zum einundzwanzigsten Lebensjahr.

Wie tut es wohl dabei zu wissen:
es hebt erst an, das große Grauen.
Bald wird man »von der Maas zur Memel«
die Greuel der Verwüstung schauen.

Und während meine Sklavenhalter
erbarmungslosen Siegern fronen,
dann wird sich, was an mir verbrochen,
mit fürchterlichen Zinsen lohnen!

Und wird, das Lug und Raub gegründet,
dein Satansreich in nichts versinken,
wird deine ewge Gier zu morden
im Meer des eigenen Bluts ertrinken.

Dann wird in junger Sonnenschönheit –
ach, dürfte ich den Tag erleben! –
aus deiner sturmverwehten Asche
der Freiheit Phönix sich erheben!

Aus dem Munde eines Priesters ist dieser Haß nicht zu begreifen. Auch sind die alliierten Bomberflotten, die Menschen töten, Kulturdenkmäler und Wohngebiete zerstören, bestimmt nicht Gottes Todesengel. Die Zahl derer, die
in Gefängnissen und Konzentrationslagern verbrachten,
war klein gegenüber den Millionen Soldaten, die jeden
Tag dem Tod ins Auge sehen mußten. Der Rachegott des
Alten Testaments steht Roman näher als der Gott der Liebe
des Neuen Testaments. So schreibt er am 28. März 1943 an
seinen Freund Lehmann: »Es muß und wird ein furchtba-
res Gottesgericht über diese Menschheit kommen, die
gleichgültig an der bodenlosen Qual der Mitgeschöpfe
vorübergeht und ihr bequemes Leben weiterlebt. Und so
fürchterlich kann diese Strafe gar nicht sein, daß sie das
Maß des Verdienstes überstiege. Ich wünsche mir, Freiheit
und Kraft zu haben, daß ich dereinst in einem flammen-
den *J'accuse* dem Leide der Vergessenen tausend Zungen
leihen kann. Die Hand soll mir abfaulen, wenn ich dies

nicht täte! Alle Träume von Kunst und Schönheit in Ehren, aber zuerst habe ich mein Teil dazu beizutragen, daß es endlich einmal Gerechtigkeit gibt! Wenn anders, so wäre ich ein Hundsfott!«

Auch sein Rufen nach einem Gottesgericht, wie es hier geschieht, geziemt weder dem Liebenden noch dem Priester, noch dem Verehrer der Propheten des Alten Testaments. Scholz verliert in allem das Maß. Das mag noch für den Künstler und Revolutionär, für den er sich hielt, annehmbar sein, doch nicht für den Menschen, der nach Frieden und Gerechtigkeit strebt, und noch weniger für den Priester, der sich paulinisch nennt, also auf den Apostel Paulus beruft, der seinen herrlichen Hymnus mit dem Satz endet: »Von allen Dingen bleiben drei: Glaube, Hoffnung und Liebe. Das größte aber ist die Liebe.«

Allmählich geht Romans Weg dem grausamen Ende, aber auch der menschlichen Vollendung zu. Er trifft nach einer Reise durch mehrere deutsche Gefängnisse im Herbst 1943 in Wien ein, wo ihm die Anklageschrift übergeben wird. Man beschuldigt ihn der Verschwörung gegen die Regierung, der Vorbereitung zum Hochverrat und des Landesverrats. Am 8. Dezember 1943 schreibt er an Gretl: »Es sind vielleicht die letzten Zeilen, die ihr von mir erhaltet. Denn daß man meinen Tod will, ist mir zur völligen Gewißheit geworden. Ich bin ruhig und gefaßt und bitte Gott, daß ich in meiner letzten Stunde auch so bin wie heute. Wenn mich etwas erschüttert, so der Gedanke an Euch, denen ich so viel Schmerzen bereiten muß.

So schmerzlich es ist, mitten aus dem Leben zu scheiden, gerade dann, da der Genius gereift und zu höchstem Schaffen berufen wäre, ich beuge mich Gottes unbegreiflichem Ratschluß. Und ist nicht der Opfertod die höchste Erfüllung des Lebens? – Meine Liebe und mein Gedenken sind bei Euch bis zum letzten Herzschlag. Gott vergelte Euch Eure Treue und gebe Euch ein freies und schönes Leben in der freien Heimat. Weint nicht um mich. Ich bin ja bei Euch. Liebe und Treue sind mehr als der Tod. Und einst gibt es ein Wiedersehen vor seinem Angesicht. – Mein Haupt wird bald fallen. Des Tages Haß entrückt, werde ich vor der Nachwelt glorreich dastehen: Priest, poet and patriot, philosopher and scholar. ›This was a man!‹ wird man mir neidlos zugestehen. Nein, ich habe nicht umsonst gelebt und sterbe nicht vergebens.«

Im Anhang zu diesem Brief schreibt Scholz:

»Der Prozeß wird die widerlichste Justizkomödie sein, in der man alle antiklerikalen Instinkte abreagiert. Nichts glauben, nicht einmal das, was ich zugebe. Ich kann mich aus den verschiedensten Gründen nicht wirksam verteidigen ... Meine einzige Chance ist eine Begnadigung. Ich hoffe auf keine. Dennoch muß alles versucht werden! Sie ist *einzig* (so wurde mir gesagt!) eine Frage der Verbindungen in Berlin. Es wäre folgendes zu versuchen: a) Fritz und Gretl sollen sehen, ob sich Persönlichkeiten des hiesigen Kunstlebens aufgrund meiner dichterischen Qualitäten für mich einzusetzen wagen. Vielleicht befürwortet Frau (oder gar Herr) Göring mein Gnadengesuch. b) Der HH. Prälat hat vielleicht auch Mittel und Wege, aber Vorsicht, daß sich kirchliche Kreise nicht vorwagen. Dies würde nur schaden! c) Wichtig wäre Reichsleiter Bormann (Führerkanzlei!) zu einer Befürwortung zu bewegen.«

An Lehmann, seinen »liebsten Freund«, schreibt er am 20. Februar 1944:

»Übermorgen gehts also los. Daß ich nur den Tod zu erwarten habe, weiß ich, nicht zuletzt aus dem Mund meines ›liebenswürdigen‹ Verteidigers ... Eben erfahre ich, daß ich im Fall der Verurteilung zum Tode bei der Verhandlung niemanden sprechen darf, d. h. also, ich habe keine Aussicht mehr, von meinem kleinen Traum oder auch nur Gretl Abschied zu nehmen. Erst hier – geschoren und in Ketten – darf ich einen Besuch empfangen. Nicht einmal die Hand geben kann ich ihnen!

Ach, warum sind sie nicht gekommen, als noch Zeit war.

Zu spät! Wie stets und immer in meinem Leben. Ich klage. Ich bin auch erschüttert. Mehr als durch alle äußeren Schläge! Ich muß doch wirklich den Kelch bis zur bittersten Neige leeren. Sein Wille geschehe! Ich rechte nicht. Ich beuge mich. Und weiß mich größer als mein Leid. Nein, Teuerster, ich habe keine Hoffnung mehr auf Erden. Begnadigung? Der Anwalt meint, bei mir wäre sie möglich. Mag sein, ich glaube nicht daran. Außer Gott benötigte meiner. Aber wer ist Ihm schon Not? Ich unnützer Knecht, der vielleicht das Geschenk weiteren Lebens nur zu weiterer Sünde mißbrauchte. Wohl kaum? Wie er will! Ich will an nichts mehr denken als ans Ende. Alles andere hieße Selbstbetrug.

Es wird Ernst. Zeit und Platz mahnen mich, zu schließen. Lebt wohl! Leb wohl! Und lebt so, daß wir uns dereinst, wenn Euch Sein schweigsamer Engel küßt, bei Ihm wiedersehen, dort, wo weder Trauer mehr ist noch Trennung und Tod ...

Ich gehe sterben; auch das Warten wird ja sterben sein. Meine ganze Kraft soll nun dieser letzten Aufgabe gehören. Auf Erden gibt's kein Wiedersehen mehr. Erst drüben. Ich sterbe, und bin doch nicht tot; ich scheide, und bin doch bei Euch. Und so sollst Du meine Gegenwart erleben: In Gott und in meinem Werk. Euer, Dein, im Leben wie Sterben, weil er Dich liebt, Dein Roman.«

Die Verhandlung findet am 22. und 23. Februar statt. Scholz nimmt das meiste auf sich, um Kameraden zu entlasten. Er wird zum Tod verurteilt.

Gretl Gergasevic bemühte sich um einen Wahlverteidiger, doch sie hatte kein Glück. Sie war auch beim Pflichtverteidiger Dr. Bernwieser, doch der sagte ihr, wenn es nach ihm ginge, dann würde er Scholz dreimal köpfen. Von Kardinal Innitzer erhielt Gretl ein Schreiben an Pfarrer Födinger vom Dürrnberg mit der Bitte, er solle sich bei der Schwester Görings einsetzen, daß das Gnadengesuch an die höchste Stelle gelangt. Prälat Alipius vom Stift ver-

suchte, über Mittelspersonen an Hitler direkt heranzu-
kommen. Auch das letzte Gnadengesuch, das auf Initiative
von Aldobrand Roczek, dem Pfarrer von Grinzing, zustande kam, blieb unbeantwortet.
Roman Scholz bereitet sich in der Armensünderzelle auf
den Tod vor. Als ihn knapp vor seiner Hinrichtung der
evangelische Pastor Hans Rieger in der Zelle besucht, findet er Roman auf einem Sessel sitzend, sein Gesicht den
Sonnenstrahlen zugewendet, die durch das Gitterfenster
in die Zelle fallen. Scholz entschuldigt sein Sitzenbleiben
mit der Bemerkung, daß er, solange es möglich sei, das
Licht der Sonne genießen wolle.
Am 10. Mai 1944 wird Scholz durch das Fallbeil hingerichtet. Seine letzten Worte sind: »Für Christus und Österreich!«
Sein Leichnam kommt zum Sezieren ins Anatomische Institut. Doch der ihm befreundete Arzt Dr. Weiß, auch ein
Widerstandskämpfer, rettet den Leichnam, der am 12. Oktober 1945 in der Heiligenstädter Kirche St. Jakob aufge-
bahrt und um 15 Uhr auf dem Heiligenstädter Friedhof
beerdigt wird.

Roman Scholz war ein widersprüchlicher Charakter: stark
und wehleidig, liebenswürdig und abweisend, liebeshung-
rig und haßerfüllt, charmant und arrogant, feinfühlig und
hochmütig, Gottsucher und von Zweifeln gepeinigt, Priester und Rebell, von zartestem Gefühl und bohrendem
Verstand. Wer ihm näherkam, konnte sich kaum dem Zauber seiner Persönlichkeit entziehen, aber auch das Gefühl
nicht loswerden, daß er vereinnahmt werden soll. Scholz
konnte nicht verstehen, daß man ihn nicht versteht, verstand aber selbst nur allzu oft die anderen nicht. Er war so
egozentrisch, daß er sein Leid als das schwerste und das
ihm zugefügte Unrecht als das größte ansah. Er verlor im
Laufe der Jahre die Beziehung zur Außenwelt, hatte übersteigerte Vorstellungen von der Bedeutung seines dichte-

rischen Werkes ebenso wie über die Möglichkeiten seines politischen Einflusses.

Scholz hätte es wahrscheinlich schwer gehabt, hätte er lebend das Gefängnis verlassen können. Seine unbändige Freiheitsliebe und sein ausgeprägter Oppositionsgeist hätten ihm innerhalb der Kirche harte Auseinandersetzungen nicht erspart. Auch seine politischen Ambitionen wären auf Widerstand im kirchlichen und weltlichen Bereich gestoßen, und seine dichterische Arbeit, die bei ihm sehr stark an frauliche Beziehungen gebunden war, hätten ihn leicht zur Aufgabe seines Berufes verleiten können. Scholz lehnte innerlich den Zölibat ab, weil sich dieser nicht auf Christus zurückführen läßt, sondern 1074 auf Weisung des mönchischen Papstes Gregor VII. eingeführt wurde. Andererseits hätte er ein Theologe von Weltgeltung werden können, ein Pfeiler der Kirche, wenn auch nicht unter dem gegenwärtigen Papst. Man kann sich ihn als Kardinal ebenso vorstellen wie als Rebell, als Führer einer Partei wie als Dichter, der sich in seine Einsamkeit zurückzieht. Er wurde jäh aus dem Dasein gerissen, sein Leben und sein Werk blieben unvollendet. Das kann aber auch der Wille seines Schöpfers gewesen sein – mancher Torso wirkt großartiger als das vollendete Werk.

V.
Jörg Haider – Mann der Zukunft?

Es mag überraschen, daß ich unter den aktiven Politikern Österreichs ausgerechnet den von der Kritik so gebeutelten Jörg Haider auswähle, dem man immer wieder eine Rechtslastigkeit vorwirft. Anlaß dazu waren die Vorgänge am Innsbrucker Parteitag im Herbst 1986, an dem Haider zum Bundesobmann der FPÖ gewählt wurde. Doch dies ist Vergangenheit. Inzwischen ist Haider Landeshauptmann von Kärnten geworden und hat alle, die ihn als Reaktionär einstufen wollten, eines Besseren belehrt. Er stellt heute zweifellos den fortschrittlichsten Landeshauptmann Österreichs, wenn man fortschrittlich im Sinne von Reformen bezeichnet und nicht im Sinne linker Illusionen.

Die FPÖ hat sich unter Haider mandatsmäßig verdreifacht, und die Nationalen, die am Innsbrucker Parteitag noch das Sagen hatten, dominieren heute nicht mehr. Die Töne, die sie damals von sich gaben und die bei manchen kritischen Beobachtern böse Erinnerungen geweckt haben, sind heute kaum mehr zu vernehmen, und sollte hie und da ein Funktionär derartiges von sich geben, ist er seine Funktion im Nu los. Den größeren Teil der FPÖ-Wähler stellt heute die Jugend, und diese hat keinerlei Beziehung zur Vergangenheit. Für sie ist Haider der Hoffnungsträger, dem man zutraut, daß er den Mut und die Kraft aufbringt, den gefährlichen Rutsch in die »Skandalrepublik« aufzuhalten. Selbst seine Gegner können seine eminente politische Begabung nicht leugnen.

Darin unterscheidet er sich sehr zu seinem Vorteil von der derzeit aktiven Politikergilde der beiden Großparteien.

Wiens Bürgermeister Helmut Zilk und Bundeskanzler Vranitzky haben ein gutes Image, doch Zilk – er wäre ein herzeigbarer Präsidentschaftskandidat – spricht öfter von seinem baldigen Ausscheiden aus der Politik. Vranitzky wieder verdankt seine unbestreitbare Popularität vor allem dem Umstand, daß er als einziger in der alten und neuen Regierungsmannschaft beider Koalitionspartner dem Wähler eine Identifikationsmöglichkeit bietet. Die »Qualität des Handelns«, auf die sich Vranitzkys Wahlplakate beriefen, hat er freilich kaum je bewiesen. Wissenschaftsminister Erhard Busek von der ÖVP ist zwar ein Intellektueller von Rang, der unbestreitbar mehr Initiative entwickelt als der Bundeskanzler; allerdings hat er auch die Arroganz vieler Intellektueller, und das kostet ihn auch in den eigenen Reihen manche Sympathie. Wolfgang Schüssel, lange Zeit eine Hoffnung der ÖVP, hat als Handelsminister die in ihn gesteckten Erwartungen bisher nicht erfüllen können. Bleibt Parteiobmann Josef Riegler selbst, der bei der letzten Wahl sicherlich unter seinem Wert geschlagen wurde. Seine Schwäche: Er ist ohne jegliche Ausstrahlung.

Im Juli 1990 ließ die Tageszeitung »Der Standard«, das Politprofil der drei Parteiführer Vranitzky, Riegler und Haider testen. Das Ergebnis ist für den ÖVP-Parteichef niederschmetternd. Bei insgesamt neun Kriterien lag er nur in zwei, nämlich in puncto Ehrlichkeit (Vranitzky 62, Riegler 49, Haider 30 Prozent) und Volksverbundenheit (Vranitzky und Riegler 63 Prozent, Haider 61 Prozent) vor dem FPÖ-Chef. In den anderen sieben Punkten reihte Riegler teilweise weit hinter dem FPÖ-Obmann. Daß Vranitzky die besten Ergebnisse aufzuweisen hat, ist bei Berücksichtigung seines Kanzlerbonus keine Überraschung.

Haider hingegen liegt sogar zweimal vor Vranitzky. Bei der Frage »Erkennt die Probleme der Wähler« weisen Haider 58 Prozent, Vranitzky 48 Prozent und Riegler 41 Prozent auf. Was aber das Durchsetzungsvermögen betrifft, gab man Haider 78 Prozent, Vranitzky 75 Prozent und Riegler bloß 29 Prozent. Das hatte es noch nie gegeben, daß der Obmann einer mittelstarken Oppositionspartei den Obmann der zweiten Großpartei so weit übertraf.

Sich in der Öffentlichkeit am besten darstellen kann Jörg Haider. Er kommt bei praktisch allen Bevölkerungsschichten gut an. Er versteht es, einen sofortigen direkten Kontakt zu seiner Zuhörer- und Wählerschaft herzustellen; er kann die Leute begeistern und mitreißen; er hat Charisma. Dieses Charisma sagt freilich noch nichts über die charakterliche Lauterkeit und die fachlichen Qualitäten seines Trägers aus. Und gerade Haider kann man ein gerüttelt Maß an Demagogie nicht absprechen. Er selber freilich nennt es, in Abwandlung eines Luther-Wortes, »dem Volk aufs Maul schauen«.

Haider führt einen Kreuzzug. Auch seine Vorgänger geißelten die Mißstände in den beiden großen Parteien und deren Anmaßung, den Staat als ihr Eigentum zu betrachten. Haider aber stellt – im Namen einer »gereinigten« Demokratie – das bisherige System an sich in Frage. Diese Ausschließlichkeit, dieser unbedingte Führungsanspruch für eine Gruppe, die heute ein knappes Fünftel der Bevölkerung hinter sich hat, klingt wie Größenwahn. Andererseits geht es seit Haiders Wahl zum Bundesobmann der Freiheitlichen mit der Partei unaufhaltsam aufwärts, und Haiders Wahl zum Kärntner Landeshauptmann, dem ersten in der Geschichte der dritten Kraft seit 1945, warf alle Prognosen der Meinungsforscher und Politologen über den Haufen. Der einzige, der felsenfest an einen Landeshauptmann Haider glaubte, war er selbst.

Im Sichte dieser Entwicklung erscheint heute Jörg Haiders öffentlich deponiertes politisches Ziel – das Amt des Bundeskanzlers – nicht mehr so vermessen wie etwa vor zwei Jahren sein Griff nach dem Landeshauptmann.

Das Zeremoniell, mit dem er sich bei seinen Wahlreden umgibt, das Gefolge und der blaue Schal, mag ein wenig an nationalsozialistische Kundgebungen erinnern, doch setzt sich das Gefolge bei Haider aus hübschen Mädchen zusammen und nicht aus uniformierten Schlägertrupps. Der blaue Schal, der an die Stola des Priesters erinnert, ist das äußere Zeichen einer Gesinnungsgemeinschaft, ähnlich der roten Nelke der Sozialdemokraten (wie die Sozialisten demnächst wieder heißen werden).

Haider nimmt jedoch nicht nur für sich ein; er stößt mit seiner Art auch viele Menschen ab. Er pokert ungemein hoch – es ist ein politischer Hochseilakt ohne Netz. Und vor allem: Innerparteilich duldet Haider niemanden neben sich. Leute, die ihm gefährlich werden können, drängt er aus der Partei oder schiebt sie auf ein Nebengeleise ab. Am liebsten umgibt er sich mit Menschen, die ihm bedingungslos folgen. Heute – das hat die Wahl 1990 mit dem verunglückten FPÖ-Spitzenkandidaten Norbert Gugerbauer wieder schlagend bewiesen – trägt Jörg Haider die Partei ganz allein. Das kann zu einem schweren Handicap für die freiheitlich-liberalen Kräfte Österreichs werden, sollte Haider einmal nicht zur Verfügung stehen.

In gewissen politischen Kreisen Österreichs gehört es zum guten Ton, Jörg Haider als populistischen Demagogen abzutun.

Große Änderungen gibt es immer dann, wenn die Zustände untragbar werden. Das war bei der Französischen Revolution von 1789 so und ebenso bei der russischen Revolution von 1917. Und als der Kommunismus zu einer anderen Art von Feudalherrschaft degeneriert war, kam Gorbatschow.

Das Beispiel gilt, in abgewandelter Form, auch für Österreich. Wir leben in einer Demokratie, kein Zweifel: Bei uns gibt es freie Wahlen, Religions- und (eine in manchen Punkten etwas eingeschränkte) Meinungsfreiheit. Doch der positiven Seite steht auch eine negative gegenüber. Dies hängt wiederum zusammen mit der politischen Entwicklung Österreichs. Nach dem Zusammenbruch der

Monarchie konnte sich die Erste Republik politisch nicht stabilisieren. Sie wurde abgelöst von einer bürgerlichen Diktatur, der dann die nationalsozialistische folgte, verbunden mit dem Anschluß an Hitler-Deutschland. 1945 kamen die beiden Großparteien der Ersten Republik, wenn auch mit geänderten Namen. wieder an die Macht. Beide wollten die Zustände, wie sie in der Ersten Republik herrschten, verhindern und fanden eine Patentlösung. Sie teilten die Macht und damit den Staat untereinander auf. Selbst wenn eine Großpartei in Opposition geriet, blieben viele ihrer Machtpositionen unangetastet. Dafür sorgte die »Österreichische Realverfassung«, die Sozialpartnerschaft. In ihr waren – trotz reinlicher Trennung und gegenseitiger Respektierung der beiderseitigen Interessphären – beide Partner aufeinander angewiesen. Das war (und ist nach wie vor) der berüchtigte Proporz. Zusammen mit der Zwangsmitgliedschaft in den Kammern führte dies zu einer Versteinerung des »Systems« – mit dem Erfolg, daß die andere Partei, auch wenn sie die Alleinregierung stellte, in der Praxis kaum größere Reformen durchführen konnte und kann, so dringend nötig diese auch wären.

Gegen dieses »System« eröffnete Haider seinen Kreuzzug. Weil die beiden Großparteien dieses System mit Zähnen und Klauen verteidigen, erklärt Haider, daß von ihnen keine Änderungen zu erwarten seien. Deshalb nennt er sie »Alt-Parteien«. Er tritt als Befreier dieses »Systems« auf. Als Drachentöter. Es besteht kein Zweifel, daß das politische Leben Österreichs reformbedürftig ist. Vor allem geht es darum, den »Privilegienstadel« abzuschaffen, was voraussetzt, daß die Großparteien ihren Eigentumsanspruch auf den Staat aufgeben. Das aber setzt wiederum eine Reihe von Maßnahmen voraus – eine weitgehende Privatisierung der verstaatlichten Betriebe, die Reduzierung des übermächtigen Parteieneinflusses im ORF ebenso wie auf dem Gebiet des Schul- und Spitalwesens.

Auch mit der seit Jahrzehnten versprochenen Verwaltungsreform muß begonnen und die Diktatur der Sozialpartner und des Kammernstaates abgeschafft werden.

Woher kommt nun dieser Mann, wer sind seine Eltern, wo wurzelt er geistig und politisch? Der 1950 in Bad Goisern geborene Jörg stammt aus einer nationalen Familie, die sich dann dem Nationalsozialismus zuwandte, als Hitlers Stern in Deutschland aufzusteigen begann.

Jörgs Vater, Robert, lernte das Schuhmachergewerbe, trat 1929 der HJ und 1930 der SA bei. 1934 flüchtete er nach Bayern und kam zur »Österreichischen Legion«. 1935 und 1936 leistete er seinen Militärdienst in der Deutschen Wehrmacht. 1937 wurde er Mitglied der NSDAP. Nach dem Anschluß kehrte er nach Österreich zurück und arbeitete in der Gauleitung in Linz als Gaujugendverwalter. 1940 rückte er ein, kämpfte bis zum Kriegsende an der Ost- und Westfront, avancierte zum Leutnant und wurde mehrfach verwundet. Nach dem Krieg arbeitete er als Totengräber, wurde 1948 als Minderbelasteter eingestuft und arbeitete nach dem Amnestiegesetz wieder in seinem erlernten Beruf. 1949 trat er dem VdU (Verband der Unabhängigen) und 1956 der FPÖ bei, 1957 wurde er Bezirkssekretär der FPÖ in Gmunden und Gemeinderat in Goisern.

Jörgs Mutter Dorothea, geborene Rupp, kommt aus einem gesellschaftlich gehobeneren Milieu. Ihr Vater, Primararzt am Linzer Krankenhaus, wurde im Ersten Weltkrieg als Regimentsarzt nach Südtirol kommandiert und lernte im Lazarett von Bruneck die Rotkreuzschwester Hermine Webhofer kennen, die er 1917 heiratete. 1918 wurde Dorothea geboren. Die Webhofer sind eine alteingesessene und begüterte Südtiroler Familie. Dorothea, eine gebildete Frau, wurde als Bannführerin des BDM (Bund Deutscher Mädchen) gleichfalls als minderbelastet eingestuft und mußte bis zur Amnestierung als Putzfrau arbeiten. Beide Eltern waren konfessionslos und hatten deshalb einige Schwierigkeiten, ihren am 26. Januar 1950 geborenen

Sohn Jörg taufen zu lassen. Jörg war in der Volksschule und im Gymnasium ein Musterschüler, Sprecher seiner Klasse und Liebling der mehrheitlich national gesinnten Lehrerschaft. 1968 maturierte er mit Auszeichnung. Sein Hobby in der Schule war die Schauspielerei. Auch in dieser Disziplin wies er eine starke Begabung auf.

Haider studierte Jus in Wien, wo er der schlagenden Verbindung »Albia« beitrat. Nach seinem Doktorat 1973 arbeitete er bis 1976 als Universitätsassistent am Wiener Institut für Staats- und Verwaltungsrecht. Daneben betätigte er sich politisch. Gleich nach der Matura wurde er Obmann der Freiheitlichen Jugend; 1970–1974 war er Bundesobmann des RFJ, des Ringes Freiheitlicher Jugend. Wäre er in Wien geblieben, dann hätte seine Laufbahn eine andere Richtung eingeschlagen. Daß er Karriere gemacht hätte, sei es auf der Universität oder in der Politik, daran besteht wohl kein Zweifel.

Aus den Reihen des RFS (Ring Freiheitlicher Studenten) kamen die Mitglieder des »Atterseekreises«. Diese politisch-wissenschaftliche Arbeitsgemeinschaft wurde 1971 von Friedhelm Frischenschlager mit der erklärten Absicht gegründet, das liberale Element innerhalb der FPÖ zu stärken. Bundesobmann Friedrich Peter gab seinen Segen dazu. Zu den Männern der ersten Stunde gehörten Norbert Steger, Helmut Krünes, der Tiroler Gerulf Stix, Waldemar Steiner, der spätere FPÖ-Landesobmann von Salzburg und Salzburger Vizebürgermeister, der Vorarlberger Walter Grabherr-Meyer und, als Jüngster in der Runde, der knapp 21jährige Jörg Haider.

Frischenschlager, Steger, Grabherr-Meyer und Haider wurden beauftragt, der Partei, die sich nach und nach anschickte, sich ihrer nationalen Altlasten zu entledigen, ein zeitgemäßeres, liberaleres Kleid zu schneidern.

Diese vier galten als eine Art politisches Kleeblatt und sollten an den Schalthebeln der Partei diese in eine liberalere Zukunft führen. Von ihnen allen machte Steger am schnellsten Karriere. Er wurde 1975 Parteiobmann-Stellvertreter des Wiener Landesverbandes und 1977 dessen Obmann. 1976 kam er in den Aufsichtsrat der CA, wo er 1980 nach seiner Wahl zum Bundesparteiobmann von Hilmar Kabas abgelöst wurde. In der rot-blauen Koalitionsregierung war er 1983–1987 Vizekanzler und Handelsminister. Ebenfalls zu Ministerehren stieg Friedhelm Frischenschlager auf, dem als Verteidigungsminister 1985 Helmut Krünes folgte. Grabherr-Meyer war 1980–1986 Generalsekretär der FPÖ. Haider zog 1974 in den Bundesparteivorstand ein. 1976 holte Mario Ferrari-Brunnenfeld, seit 1975 Parteiobmann von Kärnten, den Sechsundzwanzigjährigen als Landesparteisekretär nach Klagenfurt. Das bedeutete eine Zäsur in Haiders politischer Karriere.

Der Schritt war in mehr als einer Hinsicht bedeutungsvoll. Bisher war Jörg Haider ein Universitätsassistent gewesen, ein Mann des akademischen Mittelbaus, der neben seinem Brotberuf in der politischen Etappe tätig war, als Generalstäbler sozusagen, als Ideenfabrikant und Entwerfer von Strategien. Nun war er Berufspolitiker geworden und hatte Gelegenheit, seine Fähigkeiten auch in der Tagespolitik zu beweisen. Allerdings war er als Parteiangestellter in weit stärkerem Maße von der Partei abhängig – und diese Situation paßte absolut nicht in sein Kalkül. Er sorgte dafür, daß nicht er von der Partei, sondern vielmehr die Partei von ihm abhängig wurde – zunächst in Kärnten, später im ganzen Bundesgebiet. Er brauchte dazu knappe zehn Jahre.

Daß es den in Wien ansässigen Oberösterreicher Jörg Haider ausgerechnet nach Kärnten verschlug, ist einer jener Zufälle, bei denen man sich im nachhinein fragt, ob sie wirklich nur Zufälle waren. In der Politik sind Spekulationen nicht angebracht, noch weniger die gewissen »Was wäre, wenn ...«-Spiele. Dennoch: Wer weiß, wie die politische Laufbahn Jörg Haiders verlaufen wäre, hätte er nicht den Ruf nach Klagenfurt erhalten.

Mit der Übersiedlung nach Klagenfurt kam auch Haiders Wandlung vom Bannerträger liberaler Ideen zum vermeintlichen Vorkämpfer deutschnationalen Gedankenguts. Seither wird Jörg Haider, der österreichischen Journalisten liebster Reibebaum, als politischer Freibeuter, als demagogischer Opportunist abqualifiziert und gleichzeitig ins rechte Eck gestellt – was nicht ganz konsequent ist; denn entweder ist einer ein Opportunist und Wendehals oder aber ein Reaktionär mit Brauntönen.

Das hat natürlich auch mit dem politischen Klima in Kärnten zu tun. Dort ist der (deutsch-)nationale Gedanke weit stärker ausgeprägt als anderswo in Österreich. Das Trauma des Abwehrkampfes 1920–1921, als Jugoslawien seine Hand nach Südkärnten inklusive Klagenfurt ausstreckte, wirkt noch immer nach – verstärkt noch durch die Erfahrungen mit den Tito-Partisanen gegen Ende des Zweiten Weltkriegs.

Diese leidvollen Ereignisse trieben einen Keil zwischen die deutsch und die slowenisch sprechenden Kärntner, die bis dahin in gutem Einvernehmen mit- und nebeneinander gelebt hatten. Die Wunden sind auf beiden Seiten bis heute nicht verheilt.

Jeder Kärntner Politiker, von welcher Partei auch immer, hat auf diese speziell gelagerte Problematik Rücksicht zu nehmen. »Deutschnationale« Töne, die in jedem anderen österreichischen Bundesland den Ruf nach dem Staatsanwalt laut werden lassen, gehören hier zum politischen Alltag. Als 1974 der sozialistische Landeshauptmann Hans Sima im »Ortstafelstreit« einlenken wollte, war er die längste Zeit Landeshauptmann gewesen.

Andererseits hat niemand es seinem Nachfolger Leopold Wagner übelgenommen, als dieser öffentlich mit Stolz auf seine Vergangenheit als HJ-Bannführer hinwies. Die Parteizentrale in der Wiener Löwelstraße dürfte beflissen weggehört haben.

Als Haider 1976 Landesparteisekretär wurde, herrschte

zwischen der FPÖ, die engste Beziehungen zum Kärntner Heimatbund hat, und der linken Slowenengruppe noch eine Art Kriegszustand. Man war sich zwar der durch den Staatsvertrag auferlegten Verpflichtungen bewußt, aber nicht gewillt, auch nur ein Quentchen mehr zu geben. Das war so ziemlich der einzige Punkt, in dem die FPÖ mit der SPÖ einig war, die, gestützt auf ihre absolute Mehrheit, das Land regierte, als wäre es ihr Eigentum – was übrigens die Eigenheit aller Regierungen mit absoluter Mehrheit ist. Zwar saßen aufgrund der Landesverfassung auch Abgeordnete der beiden anderen im Landtag vertretenen Parteien mit in der Regierung, doch hatten sie keine Möglichkeit, den Kurs der Regierung mitzubestimmen, da die SPÖ jederzeit ihre Mehrheit ausspielen konnte. Diese Mehrheit zu brechen und gegen die unumschränkte Herrschaft der Sozialisten in Kärnten anzukämpfen, wurde die vordringlichste politische Aufgabe. Haider erwies sich als ausgezeichneter Organisator, und die Zahl der Mitglieder stieg ständig an. Auch das Image des jungen Politikers wuchs: Bald hatte er seinen Parteiobmann an Popularität weit überrundet. Auch bundesweit war Jörg Haider nicht mehr zu übersehen: Im Jahre 1979 wurde er Abgeordneter zum Nationalrat.

Im Parlament machte Haider ausgezeichnete Figur. Als Sozialsprecher der Partei fiel er durch seine Fachkenntnisse, seine glänzende Rednergabe und sein starkes Engagement für die Arbeiter und kleinen Leute auf. Von ihm stammt die Idee einer Extrazulage für Nacht-, Schwerst- und Schichtarbeiter, die dann von Sozialminister Dallinger aufgegriffen und als Gesetzesvorlage im Parlament eingebracht wurde.

Nach der Nationalratswahl von 1979 löste Norbert Steger den Grazer Bürgermeister Götz als Bundesparteiobmann ab. Peters Nachfolger, Alexander Götz, hatte einen Kurswechsel eingeschlagen und für ein Zusammengehen mit der ÖVP plädiert, wie er es auf lokaler Ebene in Graz zum

Zwar distanzierte sich der Bundesparteivorstand der FPÖ von ihm, doch trafen sich Haider, Kriemhild Trattnig, ihr Bruder Huber (beide Mitglieder des Kärntner Landtages) und Scrinzi in dessen Haus in Moosburg, wo es zwar zu keiner offiziellen Abmachung kam, doch gewann das Treffen später einige Bedeutung. Damals erhielt das Komitee die Namenslisten und Wohnadressen der freiheitlichen Funktionäre, die angeschrieben worden waren. Je nach der Antwort, die auf das Schreiben einlangte, zog man Schlüsse über die Richtung der einzelnen FPÖ-Funktionäre. Diejenigen, deren Antwortschreiben positiv bewertet wurde, bildeten den Grundstock für den Sturz Stegers und die Wahl Haiders auf dem Parteitag in Innsbruck. Dabei spielte Haider ein Doppelspiel. In der Bundesparteileitung beantragte er nämlich den Ausschluß Scrinzis, der nicht angenommen wurde.

Das erste innenpolitische Opfer der Sinowatz-Regierung war Kreiskys letzter Finanzminister Herbert Salcher. Er wollte unbedingt den Fall Androsch aufrollen, was ihn seinen Posten kostete. An seine Stelle trat Franz Vranitzky, einstiger Mitarbeiter Androschs, ein Mann, der seriös wirkt und sich kompliziert ausdrückt sowie die Leute glauben läßt, er verstünde sehr viel von Wirtschaft, worauf auch seine Vorstandstätigkeit in der Nationalbank, in der CA und in der Länderbank hinwies. Dann gab es noch einige Regierungsdebakel, wie den Aufstand der Umweltschützer gegen den Bau des geplanten Donaukraftwerkes in der Hainburger Au, den Handschlag des freiheitlichen Verteidigungsministers mit dem aus der italienischen Militärhaft entlassenen ehemaligen Major der Waffen-SS Reder, für dessen Freilassung die ÖVP das meiste getan hatte, nun aber daraus eine Staatsaffäre machen wollte in der Hoffnung, daß daran die kleine Koalition zerbrechen könnte. Da aber zur gleichen Zeit der »Jüdische Weltkongreß« zum ersten Mal in Wien tagte, wurde aus einer politischen Mücke ein politischer Elefant, der außenpolitisch einiges Porzellan zerschlug. Kam es auch nicht zur Auflösung der Koalition, so wurden die Stimmen in der sozialistischen Linken gegen die Koalition mit der FPÖ immer lauter, was für Innenminister Blecha ein Signal war, heimlich auf die Auflösung der kleinen Koalition hinzuarbeiten und Sinowatz als Parteiobmann zu beerben. Dieser fühlte sich den politischen Anforderungen und den Angriffen in den Massenmedien nicht gewachsen und trat nach der sozialistischen Niederlage bei den Präsidentschaftswahlen von seinem Posten zurück.

Sein Nachfolger, als Bundeskanzler ebenso wie als Parteivorsitzender, wurde aber nicht Blecha, sondern Vranitzky. Dieser erkannte schnell, daß in der schwierigen Lage, in der sich die Regierung befand, eine kleine Koalition eher eine Belastung sei und durch eine große ersetzt werden müsse. Deshalb kam ihm die innerparteiliche Entwicklung der FPÖ entgegen. Steger selbst meint heute, daß die kleine Koalition entweder zehn Jahre zu spät oder zwei Parlamentsperioden zu früh kam. In einem Gespräch mit Kreisky beschwor Steger diesen, wenigstens zwei Jahre lang die Koalition zu führen, doch der damalige Bundeskanzler wies auf seine Krankheiten hin und erklärte, außerstande zu sein, weiterhin an der Spitze einer Regierung zu stehen. Es war für die FPÖ eine schicksalsschwere Entscheidung. Sinowatz besaß zwar den guten Willen, aber nicht das Format, bei den Schwierigkeiten in der eigenen Partei auch noch der FPÖ zu helfen, deren Parteibasis auf eine Regierungsbeteiligung nicht vorbereitet und im Oppositionsdenken befangen war. Dem nationalen Flügel gefiel die Koalition mit den Sozialisten überhaupt nicht, wozu noch kam, daß Steger immer stärker auf den liberalen Kurs zusteuerte und den nationalen Flügel ins Abseits drängte. Die Krise in der sozialistischen Partei gab dem kleinen Koalitionspartner keine Chance, sich zu entfalten, obwohl es Steger zu danken ist, daß ein Gesetz, das die Inbetriebnahme des Atomkraftwerkes Zwentendorf ermöglichen sollte, in der Regierung nicht durchging. Er verhinderte auch die Besteuerung des dreizehnten und vierzehnten Monatsgehaltes.

Innerparteilich verlor Steger bei den Funktionären seiner Partei immer mehr an Boden. Das lag auch daran, daß er sich zu sehr auf die Regierungstätigkeit konzentrierte und sich für die Partei zu wenig Zeit nahm. Generalsekretär Grabherr-Meyer konnte ihn nicht vollwertig ersetzen. Bei den Landtags- und Kommunalwahlen gab es ständig Stimmenverluste. Der Abstieg der Partei war nicht mehr zu leugnen. Einzig Kärnten schien von dieser Abwärtsbewegung unberührt zu sein. Hier ging es sogar aufwärts dank Haiders konsequenter Vorwärtsstrategie, die ihn auch nicht hinderte, ein erfolgreicher Landesrat für das Straßenbauwesen zu sein, nachdem ihm Landeshauptmann Wagner das von Ferrari-Brunnenfeld übernommene Ressort für Tourismus und Gewerbe weggenommen hatte, in der Hoffnung, daß das politisch wesentlich unattraktivere Ressort den Aufstieg des jungen dynamischen Politikers bremsen werde.

In der FPÖ begann eine Anti-Steger- und Pro-Haider-Strategie, an der Haider nur insoweit beteiligt war, daß er mit einer Abspaltung Kärntens vom Bundesverband drohte, was im Bundesparteivorstand zu einem zweimaligen Antrag — einmal von Ofner und einmal von Peter — führte, Haider aus der Partei auszuschließen, wofür sich eine qualifizierte Mehrheit gefunden hatte. Es kam jedoch nicht zum Ausschluß, weil Steger dagegen war und die Meinung vertrat, daß man mit einem Mann in einer so prominenten Stellung verhandeln und zu einem Modus vivendi kommen müsse. Haider machte ähnliches im Jänner 1991, als er mit einem Freistaat Kärnten drohte. Er liebt offensichtlich das Drohen mit Abspaltungstendenzen, was allerdings kaum jemand ernst nimmt.

Dazu kam, daß Stegers Stützen, wie der Parteiobmann von Oberösterreich und der von Salzburg, Horst Schender und

Frischenschlager, in ihren Landesverbänden immer mehr an Anhang verloren. Auch in der Steiermark rebellierte der Grazer Vizebürgermeister und Stadtobmann der Freiheitlichen, Paul Tremel, ein Götz-Mann, gegen seinen Landesparteiobmann Hans Rader, der zu Steger hielt. Den aufsteigenden Mann in Oberösterreich, Norbert Gugerbauer, vergrämte Steger, als er ihn nach dem Abgang Peters als Klubobmann der freiheitlichen Parlamentsfraktion nicht zu dessen Nachfolger ernannte, obwohl ihm der Oberösterreicher in Aussicht stellte, dafür die oberösterreichischen Delegierten beim Parteitag auf Steger einzustimmen. Steger aber, der aus Rücksicht auf den Koalitionspartner den aufgrund der Reder-Affäre angeschlagenen Frischenschlager als Verteidigungsminister ablösen mußte, wollte seinen Freund nicht in die Wüste schicken und gab ihm als Ersatz den Posten des Klubobmannes. Das war wahrscheinlich Stegers schwerster taktischer Fehler. Gugerbauers Haltung mit seinen Oberösterreichern sollte am Innsbrucker Parteitag den Ausschlag zugunsten Haiders geben.

Um wenigstens die Verbindung zur ÖVP nicht gänzlich zu verlieren, ersetzte Steger Verteidigungsminister Frischenschlager durch Helmut Krünes, den Generalsekretär der Partei unter Götz. Krünes hatte gute Beziehungen zur Wirtschaft und Industriellenvereinigung und wurde von beiden Flügeln der Partei, dem liberalen und dem nationalen, akzeptiert.

Die Anti-Steger-Stimmung breitete sich immer weiter aus. Auf dem Kärntner Landesparteitag im Frühjahr 1986 fiel der Ausspruch eines Delegierten: »Mit dem Haider tät i wieder nach Rußland ziehn, mit dem Steger tät i nit amol auf Urlaub gehn.« Das entfachte zwar einen Pressesturm, doch für die Nationalen war es ein Fanal. Sie warfen Steger vor, daß er keinen Kontakt zur Kernwählerschaft der Partei aufgenommen habe, zu den studentischen Korporationen, den Burschenschaften, dem Turnerbund, den

Landsmannschaften und den nationalen Schulvereinen. Diese zahlten es ihm insofern heim, als sie den verschiedenen Landtags- und Kommunalwahlen fernblieben. Als erster sammelte der oberösterreichische Funktionär Raimund Wimmer im obersteirischen St. Lorenzen einen Kreis von national gesinnten freiheitlichen Funktionären um sich, den sogenannten Lorenzener Kreis. Er sollte den Sturz Stegers am Parteitag organisieren. Die Grazer Parteiorganisation forderte die Einberufung eines Sonderparteitages zur Wahl einer neuen Parteiführung. Haider biete sich als Kandidat an. Auch der oberösterreichische Landesparteivorstand beschloß, am kommenden Parteitag neue personelle Entscheidungen zu treffen.

Inzwischen war Haider Millionär geworden. Sein Großonkel Josef Webhofer hatte 1940 von einer Jüdin mit italienischer Staatsbürgerschaft den Forstbesitz Bärental gekauft. 1986 vermachte Wilhelm Weghofer, der Sohn Josefs, seinem Neffen Jörg den Besitz.

Das rief die Kritiker auf den Plan: Haider sei der Nutznießer einer »Arisierung«. Formalrechtlich war jedenfalls alles in Ordnung, und ich möchte den österreichischen Politiker oder Journalisten sehen, der unter den gegebenen Umständen ein Legat zurückgewiesen hätte, das über zwei Generationen hinweg in ausländischem Besitz (als Südtiroler waren die Weghofer italienische Staatsbürger) gewesen war.

Ironischerweise hat das Legat Haider bei seinen Anhängern eher genützt als geschadet: Nun wußten alle, daß er finanziell unabhängig ist und nicht den Staat als Melkkuh nötig hat, wie viele andere österreichische Politiker.

Ende August trafen Steger und Haider im Wiener Hotel Bristol zusammen. Haider brachte als Vertrauensmann den Kitzbüheler Rechtsanwalt Dr. Wendling mit, Steger seinen Sekretär Lohrmann. Die Berichte darüber weichen voneinander ab. Laut Andreas Mölzer (in der Haider-Biographie »Der Eisbrecher« des freiheitlichen Pressereferen-

ten, die mit einem Vorwort Jörg Haiders erschienen ist)
soll Haider zu Steger gesagt haben: »Du muß einen anderen Spitzenkandidaten für die Nationalratswahl finden
und ihn am kommenden Parteitag propagieren. Der wird
auch neuer Parteiobmann. Dein Kredit ist verspielt. Du
hast die Wahl, politisch zu überleben und die Partei zu ruinieren oder umgekehrt.« Steger soll darauf geantwortet
haben, das schade seiner Reputation. Er wolle in einigen
Tagen anrufen und seinen Entschluß mitteilen. Steger rief
nicht mehr an. Das teilte auch Haider mir persönlich mit.
Steger bietet eine ganz andere Version. Er sagt, er habe
vorgeschlagen. Obmann zu bleiben, weil er der Garant zur
Weiterführung der Koalition sei. Haider solle sein Stellver-
treter und Wirtschaftsminister werden. Der Spitzenkandi-
dat solle in den Mitgliederversammlungen gewählt werden; so könne man harte politische Auseinandersetzungen auf dem Parteitag vermeiden. Dies würde nur ein
Freudengeheul bei den Massenmedien hervorrufen und
der Partei schwer schaden. Haider aber vermied es, sich
festzulegen.
Haider zögerte noch eine Zeitlang, ehe er sich endgültig
bereit erklärte, als Gegenkandidat Stegers aufzutreten.
Das geschah in Hohentauern. Er forderte aber, daß Gugerbauer sein Generalsekretär werde: »Allein lasse ich
mich nicht ins Feuer schicken.« Von der Kärntner Landes-
parteileitung ließ er sich sein Antreten als Obmannkandi-
dat in Innsbruck absegnen. 42 von 48 Stimmberechtigten
waren dafür. Die sechs, die dagegen stimmten, unter ihnen Ferrari-Brunnenfeld, sind heute entweder nicht mehr
in der FPÖ oder haben keine Funktion mehr inne. Der
Innsbrucker Parteitag am 13. September 1986 war der stür-
mischeste in der Geschichte der FPÖ. Am Vorabend ließ
der damalige SPÖ-Zentralsekretär Keller die »Revoluzzer«
wissen, daß die Koalition mit der Partei und nicht mit dem
Obmann geschlossen worden sei. Er wies auf den Kanzler-
wechsel von Sinowatz zu Vranitzky hin, der ohne Schwie-

rigkeiten vor sich gegangen sei. (Keller leugnete nachher dieses Gespräch ab.) Es gab auch ein Telefonat zwischen Vranitzky und Haider, aus dem dieser entnehmen zu können glaubte, daß die Koalition weitergehen werde, auch wenn Steger abgewählt werden sollte. Es sei Sache der FPÖ, sagte Vranitzky, wen sie zum Obmann wähle. Die Antwort war ein wenig dunkel und unpräzise, wie Vranitzkys Ausdrucksweise eben ist, doch Haider deutete das Orakel zu seinen Gunsten.

Als Steger nach Innsbruck fuhr, wähnte er noch, daß er es schaffen werde. Wien, Niederösterreich und Burgenland hatte er zur Gänze, die Steiermark zu 60 Prozent hinter sich; ferner hoffte er auf die Stimmenmehrheit in Vorarlberg und Tirol und die Hälfte der Stimmen in Salzburg sowie auf einen Teil der Stimmen in Oberösterreich. Dieses Bundesland mit 109 Stimmen und Kärnten mit 87 Stimmen stellten zusammen 48 Prozent der Delegierten, dann folgten Steiermark mit 78 und Wien mit 32 Stimmen. Alle übrigen Länder hatten weniger als 30 Delegierte. In Innsbruck wurde Steger jäh aus seinen Träumen gerissen. Es stellte sich heraus, daß Oberösterreich zur Gänze auf Haiders Seite stand und daß auch Salzburg mehrheitlich Haider wählen werde. Nun suchten Steger und seine Anhänger nach einem Ausweg. Der Tiroler Landesparteiobmann Hermann Eigentler schlug vor, Haider und Steger sollten ihre Bewerbungen zurückziehen und Krünes zum Parteiobmann vorschlagen. Dagegen sprach sich Gugerbauer aus und meinte, der Kampf solle zwischen den beiden Rivalen ausgetragen werden. Steger war bereit, Krünes als seinen Nachfolger vorzuschlagen, der sich einverstanden erklärte. Am nächsten Tag verkündete jedoch Haider, er habe mit Krünes gesprochen und dieser lehne jede Nominierung seiner Person ab. Steger behauptet, daß Krünes von Haider der Posten des Vizekanzlers zugesagt worden sei. Nach all dem Hin und Her kam es dann doch zur Abstimmung über die beiden Rivalen Haider und Steger. Sie endete mit 57 zu 43 Prozent zugunsten des Herausforderers.

Die Ereignisse am Parteitag sorgten für Aufregung. Die inländischen, vor allem aber die ausländischen Massenmedien berichteten von einer biergeschwängerten Stimmung, von Zwischenrufen und Verbalinjurien, die an nationalsozialistische Zeiten erinnerten. Mölzer versucht, alles zu verharmlosen, doch gegen die Verharmlosung sprechen Videos und Bandaufnahmen. Vielleicht drückt Siegfried Dillersberger, der knapp vor Ende der vergangenen Parlamentsperiode zum dritten Nationalratspräsidenten gewählt wurde und den Haider gerne als den Spitzenkandidaten der FPÖ für die Nationalratswahl 1990 gesehen hätte, in seinem Brief an Steger die Atmosphäre des Parteitages am besten aus. Er entschuldigt sich bei Steger dafür, nennt die Vorgänge am Parteitag besorgniserregend und gefährlich an vergangene Zeiten erinnernd und teilt mit, daß er, falls Steger austreten sollte, dessen Beispiel folgen werde.

Die Ereignisse in Innsbruck nahm Vranitzky zum Anlaß, öffentlich zu erklären, daß er mit Haider, dem er jegliche Liberalität absprach, keine Koalition eingehen werde. Für Vranitzky war die kleine Koalition eine Last und ein zu unsicheres Politspiel. Innsbruck kam ihm deshalb wie gerufen. Mit einem gewählten Parteiobmann Steger hätte er es schwerer gehabt, die Koalition zu lösen, weil sich das FPÖ-Regierungsteam loyal verhalten hatte. So aber ließ er die Koalition mit der alten freiheitlichen Regierungsriege, an deren Spitze nach wie vor Steger stand, auslaufen, um nach den Wahlen die große Koalition zu bilden.

In der ÖVP wäre eine Gruppe gerne mit Haider eine Koalition eingegangen. Die Mehrheit aber hatte Angst davor. Vor allem Wiens damaliger Landesparteiobmann Erhard Busek und Robert Graf, der spätere Wirtschaftsminister, plädierten für die große Koalition. Parteiobmann Alois Mock und sein Generalsekretär Michael Graff, die nicht

Behörde zu nehmen. Und der als Slowenenhasser hinge-
stellte Haider betreibt eine aktive Nachbarschaftspolitik,
veranstaltete unter anderem ein Volksgruppenseminar
und versucht mit dem neuen slowenischen Ministerpräsidenten Peterle ein freundschaftliches Verhältnis herzustellen.

Wer könnte leugnen, daß dieses Programm manchem Landeshauptmann Sorge bereitet. Die mitregierenden Parteien müssen meist zustimmen, weil sie sonst leicht die
Gunst der Bevölkerung verspielen könnten. An Populari-
tät kommt kein Kärntner Landespolitiker an Haider heran.
Anläßlich der Nationalratswahl 1990 hatte Haider sein politisches Programm auch auf Bundesebene festgelegt. Die
wichtigsten Punkte: der Privilegienabbau, die gesetzliche
Beseitigung der Parteibuchwirtschaft im öffentlichen
Dienst, die Zurückdrängung der Sozialpartnerschaft auf
Lohn- und Beschäftigungspolitik, die Privatisierung aller
Staatsfirmen, eine Pensionsstrukturreform, ein forcierter
Umweltschutz (Ökologie geht vor Ökomonie), die Ab-
schaffung des ORF-Monopols und die Zusammenlegung
der 29 Versicherungsträger.

Mit diesen Forderungen rennt Haider offene Türen ein –
die Öffentlichkeit und die Parteien wissen von der Notwendigkeit dieser Reformen. Auch die Großparteien, mehr
als einmal durch Haiders Vorpreschen in Zugzwang versetzt, führen ähnliches im Munde. Allerdings kann man
bei SPÖ und ÖVP ziemlich sicher sein, daß diese Versprechen bloße Versprechen bleiben werden. In all diesen Forderungen steckt politisches Dynamit; jede einzelne von ihnen stellt das seit 1945 von den Großparteien aufgebaute
politische Gebäude in Frage. Nur eine politische Großwet-
terkatastrophe wird die Koalitionsträger dazu bewegen,
freiwillig Positionen zu räumen, auf deren Erbpacht sie
Anspruch stellen.

Wer hoffte, daß sich Haider als verkappter Nazi entpup-
pen würde, wurde enttäuscht. Es kam zu keinem Rechts-

ruck. Auch verbal hält er sich, seitdem er Landeshauptmann ist, merklich zurück. Haider will Kärnten, wie er sich ausdrückte, nicht zu einem freiheitlichen Bollwerk, sondern zu einem freiheitlichen Schaufenster machen. Nationale Themen stehen nicht im Mittelpunkt. Für ihn bedeutet »national« Vaterlandsliebe und Zugehörigkeit zur deutschen Volks- und Kulturgemeinschaft, wie es im Programm von 1978 steht, das Steger initiiert hat.

Haider ist Österreicher mit Leib und Seele, den Begriff »österreichische Nation« freilich lehnt er ab. Er nannte diesen Begriff sogar eine »ideologische Mißgeburt«. Das war zweifellos eine eher geschmacklose Formulierung, doch richtete sie sich gegen jene, welche die »österreichische Nation« als eine Art Kampfansage gegen Deutschland und alles Deutsche verwenden. In der Diskussionsrunde im Club 2 wußte Haider zu überzeugen. Man kann ihn verstehen, wenn man die Entwicklung in Österreich seit 1945 überblickt. Damals glaubten viele Politiker der Großparteien, eine deutliche Distanzierung von Deutschland könnte Österreich in den Augen der Alliierten, vor allem der Amerikaner, nur nützlich sein. Vergessen war die starke Beteiligung von Österreichern an den Verbrechen der Nationalsozialisten, vergessen die Soldatenkameradschaft in beiden Weltkriegen, sogar das Wort »Deutsch« wurde in den Schulen kurzfristig durch »Unterrichtssprache« ersetzt. Damals wurde auch der Begriff »österreichische Nation« propagiert, der pikanterweise von einem kommunistischen Parteigänger stammt. Es währte lange Zeit, ehe sich dieser Begriff allgemein durchsetzte. Die meisten jedoch bewerten ihn so, wie dies Kreisky tat, der mehr als jeder andere zur Identitätsfindung der Österreicher beigetragen und der immer von der Staatsnation gesprochen hat. Der Begriff »österreichische Nation«, wenn er mehr sein soll als ein Bekenntnis zur Eigenstaatlichkeit, stützt sich auf schwache Argumente und schafft mehr Verwirrung als Klarheit. Auch wird sich mit der Umwälzung in Osteuropa und mit der Wiedervereinigung Deutschlands vieles ändern. Es gibt im Lauf der nächsten Zeit keine Sieger und Besiegten mehr, und dann wird es auch bald keine von Siegern beherrschte Geschichtsschreibung geben.

Pressereferent Mölzer rühmt, daß Haider auch innerparteilich Toleranz übt. Das stimmt nur teilweise. Gegen manche, die am Innsbrucker Parteitag gegen ihn Stellung genommen hatten, konnte er nichts unternehmen, weil sie in ihrer Landesorganisation zu stark verankert waren. Traf dies aber nicht zu, so verschwanden seine Gegner einer nach dem anderen. Am schäbigsten benahm er sich dem Verlierer Steger gegenüber. Er machte nicht den geringsten Versuch, den durch die Ereignisse schwer Gezeichneten zu einem Gespräch einzuladen, obwohl sich dieser als damaliger Vizepräsident der liberalen Weltorganisation loyal zu der Partei, die nicht mehr die seine war, verhalten hatte. Bei allem Charme ist Haider eine gewisse Gefühlskälte eigen. Wer ihm nicht wichtig ist, der hat bei ihm keine Chance.

Mit der Berufung Heide Schmidts hat Haider allerdings eine ebenso kluge wie charmante Vertreterin des liberalen Flügels der Partei gewonnen, die neben der Präsidentin der Salzburger Wirtschaftskammer und mehrjährigen ÖVP-Abgeordneten zum Nationalrat, Helga Rabl-Stadler, das Beste ist, was Österreich auf dem Gebiet der Frauenpolitik aufzuweisen hat. Allein Schmidts Ausdrucksweise hebt sich angenehm von den deftigen Sprüchen ihrer männlichen Kollegen ab, was zum Teil auch auf Haider zutrifft.

Es besteht auch kein Zweifel, daß in seinem Auftreten viel Demagogie spürbar wird, doch das, was er sagt, spricht seinen Zuhörern aus dem Herzen, sind es doch Probleme, die sie berühren und die er beim Namen nennt. Er vergreift sich öfter in der Wortwahl, aber seine Argumentation trifft die Sache. Sein Angriff gegen die katholische Kirche wegen deren Haltung in der Asylantenfrage hat katholische Journalisten auf den Plan gerufen, die Haiders Angriffe dem früheren Kirchenkampf der Antiklerikalen gleichsetzten, doch Haiders Vorstoß spornte den Klerus an, mehr für die Asylanten zu tun, vor allem mehr Wohnraum in Stiften, Klöstern und Pfarrhöfen zur Verfügung zu stellen. Dadurch stehen Worte und Taten der katholischen Kirche besser im Einklang, als dies vor Haiders Angriff der Fall war. Ein Kirchenkampf liegt Haider bestimmt fern.

Auch die Idee von einem Freistaat Kärnten nach bayerischem Muster mag vielen als bei den Haaren herbeigezogen erscheinen – auch genießt Bayern keine Sonderrechte in den deutschen Bundesländern –, doch hat er die westlichen und südlichen Bundesländer erst so recht auf die Wien- und Ostlastigkeit der Regierung aufmerksam gemacht, die selbstherrlich regiert und den Föderalismus von oben herab behandelt.

Allerdings: Der Gedanke einer Sonderstellung Kärntens ist absurd – ganz abgesehen davon, daß Kärnten im Rahmen des Bundeslastenausgleichs jährlich einen Zuschuß von 7 Milliarden Schilling erhält. In seinem Drang, die österreichische Öffentlichkeit mit immer neuen Einfällen zu überraschen, schießt Haider mitunter übers Ziel. Er muß sich davor hüten, die Schraube zu überdrehen. Sonst könnte er am Ende nicht mehr ernstgenommen werden – und das ist wohl das Schlimmste, was einem Politiker widerfahren kann.

Eines müssen sich die Regierungsparteien dennoch bewußt bleiben: Haider wird sie mit seinen Forderungen und Einfällen weiterhin vor sich her jagen und ihnen keine Ruhe gönnen. Fast jedes Monat wird er mit einer neuen Idee kommen.

Da Haider von beiden Parteiführern, von Vranitzky und Riegler, als Partner abgelehnt wird, braucht er Zeit. Er muß sich vor den Wählern solange profilieren, bis seine

Ablehnung durch die beiden Parteiführer politisch nicht mehr vertretbar ist. In der laufenden Parlamentsperiode will er als Landeshauptmann Kärnten zum »Schaufenster« seiner Politik machen. Hat er damit Erfolg, kann er Kärnten als Modellfall präsentieren: Was in Kärnten möglich ist, muß auch in ganz Österreich möglich sein.

Diese Rechnung muß nicht unbedingt aufgehen. Bereits in der vergangenen Regierungszeit der Großen Koalition zeigte es sich, daß sowohl SPÖ wie ÖVP jeden Vorstoß Haiders zunächst wütend befehdeten, dann aber klammheimlich viele von Haiders Argumenten übernahmen und als eigene Erkenntnisse anboten. Zwar werden sich, wie schon die Zeitung »Die Presse« nach Haiders Wahl zum Parteiobmann schrieb, die Funktionäre für ihn »die Füße wund laufen«, doch ermüden einmal selbst die besten Läufer, vor allem, wenn sich Teilerfolge nicht früher oder später in Machtgewinn umsetzen lassen. Haider spielt mit hohem Einsatz; doch er ist felsenfest davon überzeugt, daß die »Alt-Parteien« nicht imstande sind, umzudenken, zumindest nicht, wenn sie beisammen bleiben.

Das mag seine Berechtigung haben, doch es könnte auch anders sein. Die Großparteien stehen im Zugzwang. Sie wissen, daß ein Großteil der Bevölkerung die gegenwärtigen Zustände mit den Privilegien, den Zwangsmitgliedschaften und dem wiedererstandenen Feudalismus nicht mehr länger akzeptieren wollen. Die einzige Chance, eine Änderung herbeizuführen, ist, daß sich die Großparteien einig werden, ihre eigenen Gruppeninteressen hintanzustellen. Sollte sich jedoch in diesem Land nichts Entscheidendes ändern, dann wird Haiders Aufstieg wohl nicht zu bremsen sein.

Die FPÖ mit Schönhubers Republikanern in der Bundesrepublik Deutschland oder mit der »Front National« des Franzosen Le Pen zu vergleichen, führt in eine völlig falsche Richtung. Die FPÖ geht trotz Haiders Ausspruch, eine junge Partei zu sein, auf alte Traditionen zurück.

Das Linzer Programm Georg von Schönerers, an dem auch Victor Adler, der nachmalige Gründer der Sozialdemokratischen Partei, mitgearbeitet hat, gilt als das älteste Parteiprogramm Österreichs in modernem Sinn. Auf ihm haben nicht nur die national-freisinningen Parteien aufgebaut. Haider hat als Landeshauptmann schon binnen eines Jahres gezeigt, daß er sich »traut«, Reformen, auch wenn sie schmerzhaft sind, durchzuziehen. Hält er dies die kommenden Jahre durch und »trauen« sich die Großparteien nicht, entscheidende Reformen in Angriff zu nehmen, dann könnten Haiders Spekulationen aufgehen. Dann ist er bundesweit der Mann der Zukunft.

Anmerkungen

S. 60–101 *Heinrich von Srbik*

Srbiks Brief an Hans Rothfels ist zitiert nach:
Heinrich von Srbik: Die wissenschaftliche Korrespondenz des
Historikers 1912 bis 1945, hrsg. von Jürgen Kämmerer, mit einer
Einführung von Adam Wandruszka, Boppart am Rhein 1988.

Mein Dank für Mitteilungen aus dem Privatleben Srbiks gilt Frau
Walburga Papla, geborene v. Srbik, und für Ratschläge Herrn
Universitätsprofessor Dr. Adam Wandruszka und Srbiks letztem
Assistenten, Dr. Karl Drössler.

S. 102–154 *Emil Jannings*

Als Unterlagen standen mir zur Verfügung:
Emil Jannings: Theater/Film, Das Leben und ich, Autobiographie,
bearbeitet von C. C. Bergius, Berchtesgaden 1951
Die Autobiographie reicht bis zum Film »Robert Koch« (1938),
wurde aber erst nach Jannings Tod veröffentlicht. Der Schauspieler hatte sie zu seinen Lebzeiten nicht veröffentlicht, weil der
Verlag von den nationalsozialistischen Machthabern gezwungen
worden war, jene Stellen wegzulassen, die über Jannings' Zusammenarbeit mit jüdischen Kollegen berichten. Daraufhin zog der
Künstler sein Manuskript zurück. Andererseits hat Jannings,
was die Politik betrifft, in seinem Buch alles vermieden, was
einen Konflikt mit dem NS-Regime heraufbeschworen hätte.
Außer dem Buch, das ohne jede Änderung und Ergänzung in den
siebziger Jahren eine zweite Auflage erlebte, dienten mir als
wichtigste Unterlage überhaupt die Aufzeichnungen von Gussys

Tochter Ruth, in die ich schon bald nach Jannings Tod Einblick erhielt und von denen ich mir zahlreiche Aufzeichnungen machte.

Weitere Quellen für meine Darstellung sind Theater- und Filmkritiken, vor allem aber Gespräche mit Jannings, dessen Frau und Stieftochter in den Jahren vor dem Tod des Schauspielers und seiner Familie.

S. 155–206 *Roman Scholz*

Werke von Roman Scholz:
»Goneril«, Wien 1947
»Ferne feine Dinge«, Klosterneuburg 1934
Unveröffentlicht:
»Männer«, Bühnenstück
»Liebesbrille«, Komödie
»Zu spät?«, Bühnenstück
»Zwei Männer suchen eine Frau«, Tragikomödie
»Goneril-Lieder« und die vielen anderen Gedichte, die Scholz zum größten Teil im Gefängnis schrieb
»Briefe an Grete Gergasevic, Fritz Lehmann und ›Traudl‹«
»Das Alte Testament im Neuen Mittelschulunterricht«
»Der zeitgeschichtliche Rahmen der Judith-Erzählung«, Dissertation 1938

Literatur:
Georg Biron: »Die letzte Beichte«, Wien 1988
Christine Klusacek: »Roman Scholz«, Wien – Frankfurt – Zürich 1968
Edda Pfeifer: »Die Gruppen Karl Roman Scholz, Dr. Karl Lederer und Dr. Jakob Kastelic«, ms. Dissertation, Wien 1963
Robert Rill: »Geschichte des Augustiner Chorherrnstiftes Klosterneuburg 1938–1945«, Wien – Salzburg 1985

Meinen besonderen Dank für ihr Entgegenkommen, was die Überlassung der Schriften und vor allem der Briefe Roman Scholz' betrifft, spreche ich Frau Grete Huber, geborene Gergasevic, und Kammerschauspieler Fritz Lehmann aus.

Personenregister